BESTSELLER

Dale Carnegie nació en 1888 en Missouri. Escribió su famoso libro *Cómo ganar amigos e influir sobre las personas* en 1936, ahora un bestseller internacional. En 1950 se creó la Fundación Dale Carnegie Training. Carnegie falleció poco tiempo después, en 1955, dejando su legado y un conjunto de principios esenciales que hoy forman parte de sus libros. En la actualidad, su fundación cuenta entre sus clientes con cuatrocientas de las empresas más importantes del mundo.

Para más información, visite el sitio www.dalecarnegie.com.

DALE CARNEGIE

Cómo disfrutar de la vida
y el trabajo

EDICIÓN REVISADA

Selecciones de
Cómo ganar amigos e influir sobre las personas
y
Cómo suprimir las preocupaciones y disfrutar de la vida

Traducción de
**Miguel Hernani, Román A. Jiménez
y Magdalena Faillace**

DEBOLS!LLO

Título original: *How to Enjoy Your Life and Your Job*

Primera edición: noviembre de 2019

© 1970, 1985, Dorothy Carnegie and Donna Dale Carnegie
www.dalecarnegie.com
All Rights Reserved. Published by arrangement with the original publisher,
Simon and Schuster, Inc.
© 2019, Penguin Random House Grupo Editorial USA, LLC.
8950 SW 74th Court, Suite 2010
Miami, FL 33156

Traducción: Miguel Hernani, Román A. Jiménez y Magdalena Faillace

www.megustaleerenespanol.com

ISBN: 978-1-644730-51-5

Impreso en Estados Unidos – *Printed in USA*

Penguin
Random House
Grupo Editorial

PRÓLOGO

¿Se ha detenido usted a pensar que la mayoría de nosotros pasamos gran parte de nuestras vidas en el trabajo, cualquiera sea el trabajo?

Esto significa que nuestra actitud hacia nuestro trabajo puede determinar que nuestros días se llenen de la conmoción y del sentido de gratificación que proviene del más alto rendimiento... o de frustración, aburrimiento y fatiga.

El Curso Dale Carnegie se propone ayudar a usted a obtener el mejor rendimiento en su día de trabajo en términos de satisfacción con la propia tarea, extrayendo el máximo de usted mismo *todo* el tiempo. Mientras usted estudia estas páginas, evalúe su personal aproximación a la vida y a la gente. Luego comience a edificar a partir de sus fuerzas y descubra cuántas condiciones y habilidades en realidad posee sin que usted siquiera supiera que tenía, y qué placentero es usar estas habilidades.

Este libro es una colección de capítulos de las ediciones revisadas de los dos grandes éxitos de Dale Carnegie: *Cómo ganar amigos e influir sobre las personas* y *Cómo suprimir las preocupaciones y disfrutar de la vida*.

Hemos seleccionado de cada libro las partes más importantes para personas como usted. Usted desea más satisfacción en su vida, una sensación de armonía y utilidad, la sensación de que está haciendo el mejor uso de sus recursos interiores, y este libro lo ayudará a concretar estos deseos.

Participar en el Curso Dale Carnegie es una aventura hacia el conocimiento de sí mismo, y podría convertirse en un momento crucial en su vida. Usted ya posee ventajas ocultas en su interior que pueden tornar su vida exitosa. Todo lo que necesita ahora es la determinación de revelarlas y hacer uso de ellas.

Dorothy Carnegie
Presidenta del Consejo
Dale Carnegie y Asociados, Inc.

PRIMERA PARTE

Siete caminos hacia la paz y la felicidad

Dale Carnegie escribió su libro *Cómo suprimir las preocupaciones y disfrutar de la vida* para mostrar que la vida es en gran parte lo que hacemos de ella. Si primero aprendemos a aceptarnos —tanto en nuestras cualidades como en nuestros defectos— y luego nos ocupamos en hacer lo necesario para alcanzar nuestras metas, será poco probable que nos sintamos inclinados a perder tiempo y energía en las preocupaciones.

1

ENCUÉNTRATE Y SÉ TÚ MISMO; RECUERDA QUE NO HAY NADIE EN EL MUNDO COMO TÚ

Tengo una carta de la señora Edith Allred, de Mount Airy, Carolina del Norte. Esta carta dice: "Cuando era niña, era sensible y tímida en extremo. Siempre pesaba demasiado y mis mejillas me hacían parecer todavía más gruesa de lo que era. Tenía una madre chapada a la antigua que creía que era una locura procurar que las ropas embellecieran. Decía siempre: 'La casquivana cosecha lágrimas'. Y me vestía en consecuencia. Yo nunca iba a fiestas, nunca me divertía y, cuando fui al colegio, nunca me reunía con otros niños en actividades exteriores, ni siquiera deportivas. Era tremendamente tímida. Sentía que era 'distinta' de todos los demás y que no gozaba de ninguna simpatía.

"Cuando llegué a mayor, me casé con un hombre que me llevaba varios años. Pero no cambié. Mi familia política era muy equilibrada y dueña de sí misma. Era todo lo que yo debía haber sido y no era. Hice lo posible para parecerme a ellos, pero no pude. Cualquier intento de salir de mi cascarón no hacía más que meterme más en él. Me convertí en un ser nervioso e irritable. Huía de los amigos. Llegué a estar tan mal que temblaba en cuanto sonaba el timbre de la puerta. Era un fracaso. Lo sabía y tenía miedo de que mi esposo lo comprendiera. Siempre que estábamos en público procuraba mostrarme alegre y exageraba mi papel. Me daba cuenta de ello y pasaba después unos días muy tristes. Finalmente, me sentí tan desdichada que no veía motivo para prolongar mi existencia. Comencé a pensar en el suicidio."

11

¿Qué sucedió para que cambiara la vida de esta desgraciada mujer? ¡Una simple observación casual! La señora Allred prosigue: "Una observación casual transformó toda mi vida. Mi suegra hablaba un día de cómo había educado a sus hijos y dijo: 'Sucediera lo que sucediera, yo siempre insistía en que fueran ellos mismos.' ¡Que fueran ellos mismos! Esta observación realizó la obra. En un relámpago, comprendí que me había hecho una desgraciada por tratar de adaptarme a un patrón que no me servía.

"¡Cambié de la noche a la mañana! Comencé a ser yo misma. Traté de estudiar mi propia personalidad. Traté de averiguar *qué era*. Estudié mis puntos fuertes. Aprendí cuanto pude acerca de colores y estilos y me vestí de un modo que comprendía que me sentaba bien. Salí en busca de amigos. Ingresé en una sociedad —en una pequeña al principio—, y quedé aterrada cuando me incluyeron en un programa. Pero cada vez que hablaba mi valor aumentaba un poco. Hizo falta bastante tiempo, pero mi felicidad *es* hoy mayor de la que juzgué posible jamás. Al educar a mis propios hijos, siempre les he enseñado la lección que aprendí a tanta costa: *suceda lo que suceda, tenemos que ser siempre nosotros mismos*".

El Dr. James Gordon Gilkey dice que este problema de querer ser uno mismo es "viejo como la historia y tan universal como la vida humana". Y este problema de no estar dispuesto a ser uno mismo es la fuente oculta de infinidad de neurosis, psicosis y complejos. Angelo Patri ha escrito trece libros y miles de artículos para periódicos sindicados sobre el tema de la *educación infantil* y escribe: "Nadie es tan desgraciado como el que aspira a ser alguien y algo distinto de la persona que es en cuerpo y en alma".

El ansia de ser algo que no se es se manifiesta de modo muy acentuado en Hollywood. Sam Wood, uno de los directores de Hollywood más conocidos, dice que el mayor quebradero de cabeza que tiene con los jóvenes actores aspirantes es exactamente este problema: hacerles ser ellos mismos. Todos quieren ser una Lana Turner de segunda o un Clark Gable de tercera. Y Sam Wood les dice una y otra vez: "El público ya conoce eso; ahora quiere otra cosa". Antes de que comenzara a dirigir películas como *Adiós, Mr. Chips* y *Por quién doblan las campanas*, Sam Wood pasó varios años en el negocio de inmuebles, desarrollando personalidades de vendedores. Declara que ha de aplicarse en el mundo del cine el mismo principio que en el mundo de los negocios. No se va a ninguna parte con el espíritu de imitación. No se puede ser un papagayo. Sam Wood dice: "La experiencia me ha enseñado que lo más seguro es abandonar cuanto antes a las personas que tratan de ser lo que no son".

Pregunté a Paul Boynton, jefe de personal de la Socony Vacuum Company, cuál es el error más grave que cometen los que solicitan trabajo. Es un hombre que debe saberlo; ha atendido a más de sesenta mil solicitantes y ha escrito un libro titulado *Six Ways to Get a Job (Seis modos de obtener un empleo)*. Y este hombre me contestó: "El error más grave que cometen las personas que solicitan trabajo es no ser ellas mismas. En lugar de dejar las cosas al natural y ser completamente francas, frecuentemente dan las contestaciones que ellas creen que uno quiere". Pero esto no da resultados, porque nadie quiere un farsantón. Nadie quiere nunca moneda falsa.

La hija de un tranviario tuvo que aprender esta lección de un modo muy duro. Quería ser cantante. Pero su rostro era su desdicha. Tenía una boca muy grande y dientes salientes. Cuando cantó por primera vez en público —en un club nocturno de Nueva Jersey—, trató de bajar el labio superior para ocultar sus dientes. Trató de estar "encantadora". ¿Cuál fue el resultado? Que hizo el ridículo. Iba directamente al fracaso.

Sin embargo, había en aquel club nocturno un hombre que oyó cantar a la joven y que dijo que allí había talento. De modo liso y llano encaró a la joven y le dijo: "Mire, he estado observando su actuación y me doy cuenta de lo que trata de ocultar. ¡Usted tiene vergüenza de sus dientes!". La joven quedó muy turbada, pero el hombre aquel continuó: "¿Qué le importa? ¿Es un crimen acaso tener dientes salientes? ¡No trate de ocultarlos! Abra la boca y el público le tendrá simpatía cuando vea que usted no se avergüenza". Y añadió sagazmente: "Además, esos dientes que trata usted de ocultar pueden ser su fortuna".

Cass Daley aceptó el consejo y se olvidó de sus dientes. *Desde entonces, sólo pensó en los auditorios.* Abrió la boca sin miedo y cantó con tanto gusto y placer que llegó a ser una de las grandes estrellas del cine y de la radio. ¡Y muchos artistas trataron de imitarla!

El famoso William James hablaba de hombres que nunca se habían encontrado a sí mismos cuando declaró que el hombre medio desarrolla únicamente el diez por ciento de su capacidad mental latente. Escribió esto: "Comparados con lo que deberíamos ser, estamos sólo despiertos a medias. Hacemos uso sólo de una pequeña parte de nuestros recursos físicos y mentales. Para hablar en un sentido amplio, diremos que el individuo humano vive muy lejos de sus límites. Posee facultades de diversa índole que generalmente no utiliza".

Usted y yo tenemos esas facultades, por lo que no debemos preocuparnos a causa de no ser como otros. Usted es algo nuevo en el mundo. Nunca antes, desde los comienzos del tiempo, ha habido nadie exactamente como usted y nunca después, a través de todas las épocas por venir, habrá nadie en el que usted se repita. La nueva ciencia de la genética nos dice que usted es quien es como resultado en gran parte de veintitrés cromosomas que ha aportado su padre y otros veintitrés cromosomas que ha aportado su madre. Estos cuarenta y seis cromosomas comprenden todo lo que determina su herencia de usted. Amram Scheinfeld dice que en cada cromosoma hay "de docenas a cientos de genes, de los que uno solo es capaz, en algunos casos, de cambiar toda la vida de un individuo". Verdaderamente, estamos hechos de un modo que "asusta y maravilla".

Incluso después de la unión de sus padres, sólo había una oportunidad contra 300 billones de que naciera una persona que fuera específicamente usted. En otros términos, si usted tuviera 300 billones de hermanos y hermanas, todos podrían ser distintos de lo que usted es. ¿Es esto una adivinanza? No, es un hecho científico. Si quiere usted leer algo más acerca del asunto, vaya a una biblioteca pública y pida un libro titulado *Usted y la herencia*, de Amram Scheinfeld.

Puedo hablar de este tema con convicción porque lo siento profundamente. Sé de qué estoy hablando. Lo sé por amarga y costosa experiencia. Cuando vine por primera vez a Nueva York desde los maizales de Missouri, me inscribí en la Academia Norteamericana de Artes Dramáticas. Aspiraba a ser actor. Había tenido lo que creía que era una idea brillante, un atajo hacia el triunfo; era una idea tan sencilla y tan clara que no comprendía cómo no la habían descubierto tantos miles de personas ambiciosas que pululan por el mundo. Consistía en esto: estudiaría cómo los actores famosos de la época —John Drew, Walter Hampden y Otis Skianer— conseguían sus efectos. Después imitaría lo mejor de cada uno y me convertiría en una brillante y triunfal combinación de todos ellos. ¡Qué tonto! ¡Qué absurdo! Tuve que malgastar años; después me puse a escribir lo que yo suponía que iba a ser yo mismo y que no podía ser otro cualquiera.

Esta lamentable experiencia debió enseñarme una lección duradera. Pero no fue así. No me la enseñó. Yo era demasiado torpe. Tuve que pasar por una segunda prueba. Varios años después, me puse a escribir lo que yo suponía que iba a ser el mejor libro sobre oratoria para la gente de negocios que jamás se hubiera escrito. Tuve para escribir este libro la misma estúpida idea que había tenido acerca de la profesión teatral; iba a *sacar* ideas de toda una serie de escritores e incluirlas en un libro, en un libro que lo contendría todo. Para esto, obtuve docenas y docenas de libros sobre oratoria y pasé un año incorporando sus ideas a mi manuscrito. Pero llegó el momento en que comprendí que estaba haciendo una vez más el tonto. Aquella mezcolanza de las ideas de los demás que había escrito era tan sintética y tan aburrida, que no habría persona de negocios que la soportara. Eché, pues, al cesto el trabajo de todo un año y comencé de nuevo. Esta vez me dije: "Vas a ser Dale Carnegie, con todos sus defectos y limitaciones. No puedes ser otra persona". Así abandoné la idea de ser una combinación de otra gente, me arremangué e hice lo que debí hacer desde el principio: escribir un libro de texto sobre oratoria, sacado de mis propias experiencias, observaciones y convicciones como orador y maestro de declamación. Aprendí —para siempre, espero— la lección que aprendió Sir Walter Raleigh. (No estoy hablando del Sir Walter que arrojó su capa al barro para que pasara la Reina. Estoy hablando del Sir Walter Raleigh que fue profesor de literatura inglesa en Oxford en 1904.) Este profesor dijo: "No puedo escribir un libro con la medida de Shakespeare, pero puedo escribir un libro por mi cuenta".

Sea usted mismo. Siga el sabio consejo que Irving Berlin dio al extinto George Gershwin. Cuando Berlin y Gershwin se conocieron, Berlin era famoso, pero Gershwin era un joven compositor que luchaba por abrirse camino y ganaba treinta y cinco dólares semanales en Tin Pan Alley. Berlin, impresionado por la capacidad de Gershwin, ofreció a éste un puesto como su secretario musical, con un salario casi triple del anterior. Pero Berlin aconsejó: "Sin embargo, no acepte el puesto. Si lo hace, puede llegar a ser un Berlin de segunda. En cambio, si insiste en ser usted mismo, llegará un día a ser un Gershwin de primera".

Gershwin siguió el consejo y se transformó lentamente en uno de los más famosos compositores de su época.

Charlie Chaplin, Will Rogers, Mary Margaret McBride, Gene Autry y millones más tuvieron que aprender la lección que trato de enseñar en este capítulo. Tuvieron que aprenderla a mucho costo, como me pasó a mí.

Cuando Charlie Chaplin comenzó a hacer películas, el director insistió en que imitara a un popular comediante alemán de la época. Charlie Chaplin no llegó a ninguna parte hasta que actuó con su propia personalidad. Bob Hope tuvo una experiencia análoga; pasó varios años actuando en espectáculos de canto y baile y no hizo nada de fundamento hasta que fue él mismo. Will Rogers hizo girar una cuerda en un vaudeville durante años, sin pronunciar una palabra. Así continuó hasta que descubrió su don humorístico de carácter único y comenzó a hablar mientras hacía girar su cuerda.

Cuando Mary Margaret McBride actuó por primera vez en la radio, trató de ser una comediante irlandesa y fracasó. Cuando se limitó a ser lo que era —una sencilla campesina de Missouri— se transformó en una de las más populares estrellas de la radio de Nueva York.

Cuando Gene Autry quiso desprenderse de su acento de Texas, se vistió como los jóvenes de la ciudad y afirmó ser de Nueva York, las gentes se reían de él a sus espaldas. Pero cuando comenzó a tocar su banjo y a cantar tonadas de vaquero, Gene Autry inició una carrera que hizo de él el *cowboy* más popular del cine y de la radio.

Usted es algo nuevo en este mundo. Alégrese de ello. Saque el máximo provecho de lo que la naturaleza le ha procurado. En última instancia, todo arte es autobiográfico. Usted sólo puede cantar lo que es. Usted sólo puede pintar lo que es. Usted debe ser lo que sus experiencias, su ambiente y su herencia le han hecho. Para bien o para mal, usted debe cultivar su propio jardín. Para bien o para mal, usted debe tocar su propio instrumento en la orquesta de la vida.

Como dijo Emerson en su ensayo sobre la "Confianza en sí mismo": "Llega un momento en la educación de todo hombre en que se llega a la convicción de que la envidia es ignorancia; de que la imitación es un suicidio; de que el hombre debe tomarse a sí mismo, para bien o para mal, como a su parte; de que, aunque el vasto universo está lleno de riquezas, ningún grano nutritivo puede llegar hasta uno si no es a través del trabajo en la parcela de tierra que le ha sido asignada. El poder que reside en cada hombre es de naturaleza nueva y sólo él sabe lo que puede hacer y, por otra parte, sólo puede saberlo cuando lo haya intentado".

17

Éste es el modo que Emerson tuvo de decirlo. Pero he aquí el modo en que lo dijo un poeta, el extinto Douglas Malloch:

Si no puedes ser pino de la cumbre,
sé la mata del valle, la más linda
de las matas que van junto al arroyo;
sé el arbusto, si el árbol está arriba.

Si no llegas a arbusto, sé la hierba
que al camino feliz y humilde vista;
de no ser almizcleña, sé la atocha
que entre todas el lago más estima.

Tripulantes, si no los capitanes,
que un lugar siempre guárdanos la vida;
hay que hacer cosas grandes y pequeñas,
pero siempre ha de hacerse la más chica.

De no ser el camino, sé el sendero;
si no sol, sé la estrella que titila;
no busquemos tamaño en la pelea,
sino ser lo mejor en nuestras filas.

Para cultivar la actitud mental que nos procurará paz y nos liberará de la preocupación, recordemos:

No imitemos a los demás. Encontrémonos
y seamos nosotros mismos.

2

CUATRO BUENOS HÁBITOS DE TRABAJO QUE LE AYUDARÁN A EVITAR LA FATIGA Y LA PREOCUPACIÓN

Buen Hábito de Trabajo N° 1:
Despeje su mesa de todo papel que no se refiera al problema inmediato que tiene entre manos.

Roland L. Williams, presidente del Chicago and Northwestern Railway, dice: "Una persona con su mesa llena de papeles sobre diversos asuntos verá que su trabajo es mucho más fácil y preciso si despeja esa mesa de cuanto no se refiera al problema inmediato que tiene entre manos. Llamo a esto buena administración y es el primer paso hacia la eficacia".

Si usted visita la Biblioteca del Congreso en Washington, D. C., verá cinco palabras dibujadas en el techo; son cinco palabras escritas por el poeta Pope:

Order is Heaven's first law ("El orden es la primera ley del Cielo").

El orden debería ser también la primera ley de los negocios. Pero ¿lo es? No. La mesa de trabajo del ejecutivo está atestada de papeles que no se han mirado desde hace semanas. El editor de un diario de Nueva Orleans me dijo en una ocasión que su secretaria despejó una de sus mesas y encontró una máquina de escribir que faltaba desde hacía dos años.

El mero espectáculo de una mesa atestada de correspondencia no contestada, informes y escritos diversos es

19

suficiente para provocar la confusión, la tensión y las preocupaciones. Y es algo mucho peor que esto. El constante recuerdo de "un millón de cosas que hay que hacer y de la falta de tiempo para hacerlas" puede provocar, no solamente tensión y fatiga, sino también alta presión sanguínea, desarreglos cardíacos y úlceras de estómago.

El Dr. John H. Stokes, profesor de la Escuela de Medicina para Graduados de la Universidad de Pensilvania, leyó un informe ante la Convención Nacional de la Asociación Médica Norteamericana que se titulaba *Neurosis funcionales como complicaciones de una enfermedad orgánica*. En este informe, el Dr. Stokes enumeró once condiciones bajo el título: *Qué hay que buscar en el estado de ánimo del paciente*. He aquí la primera partida de la vista:

"La sensación de deber u obligación; la interminable sucesión de cosas que tienen necesariamente que hacerse."

Pero ¿cómo algo tan elemental como despejar la mesa y tomar decisiones puede ayudar a evitar esta alta presión, esta sensación de *debo hacerlo,* esta sensación de una "interminable sucesión de cosas que tienen necesariamente que hacerse"? El Dr. William L. Sadler, el famoso psiquiatra, habla de un paciente que, utilizando este sencillo procedimiento, evitó un derrumbe nervioso. El hombre era directivo de una importante firma de Chicago. Cuando llegó a la consulta del Dr. Sadler, estaba tenso, nervioso, preocupado. Sabía que iba derechamente a la pérdida de la salud, pero no podía abandonar el trabajo. Necesitaba ayuda.

El Dr. Sadler dice: "Mientras este hombre me contaba su historia, sonó el teléfono. Era una llamada del hospital. Y, en lugar de posponer el asunto, me tomé el tiempo necesario para llegar a una decisión. Yo siempre arreglo las cuestiones, en la medida de lo posible, en el acto. Apenas lo colgué, el teléfono volvió a sonar. Era otra vez un asunto urgente y me tomé de nuevo el tiempo necesario para estudiarlo. La tercera interrupción se produjo cuando un colega mío vino a la consulta para pedirme consejo en relación con un paciente que estaba muy enfermo. Cuando acabé con mi colega, me volví hacia el visitante y comencé a excusarme por hacerle esperar así. Pero mi visitante se había animado mucho. Tenía en su rostro una expresión completamente distinta".

—¡No necesita excusarse, doctor! —dijo este hombre a Sadler—. En estos diez minutos últimos creo que he adivinado lo que anda mal en mi persona. Voy a volver a mi oficina y a revisar mis hábitos de trabajo... Pero, antes de que me marche, ¿me permite usted que eche un vistazo a su mesa?

El Dr. Sadler abrió los cajones de su mesa. Estaban todos vacíos, si se exceptúan algunos útiles.

—Dígame —dijo el paciente—, ¿dónde guarda sus asuntos no terminados?

—Están terminados —dijo Sadler.

—Y ¿dónde guarda su correspondencia pendiente de contestación?

—Está contestada —le manifestó Sadler—. Mi norma es no dejar una carta que tenga que ser contestada sin contestar. Dicto la respuesta a mi secretaria inmediatamente.

Seis semanas después, el mismo hombre de negocios invitó al Dr. Sadler a ir a su oficina. El hombre había cambiado y otro tanto sucedía con su mesa. Abrió los cajones para que se viera que allí no había ningún asunto pendiente.

—Hace seis semanas —dijo a Sadler— tenía tres mesas diferentes en dos oficinas distintas y estaba abrumado de trabajo. Nunca acababa. Después de hablar con usted volví aquí y despejé una carretada de informes y viejos papeles. Ahora trabajo en una sola mesa, arreglo los asuntos en cuanto se me presentan y no tengo una montaña de trabajo pendiente agobiándome, poniéndome en tensión y preocupándome. Pero lo más asombroso es que me he restablecido por completo. ¡Ya no observo la menor falla en mi salud!

Charles Evans Hughes, antiguo presidente de la Suprema Corte de los Estados Unidos, dijo: "Los hombres no mueren de exceso de trabajo. Mueren de disipación y de preocupación". Sí, de derrochar sus energías y de preocuparse porque nunca consiguen ponerse al día con su trabajo.

Buen Hábito de Trabajo N° 2:
Hacer las cosas según el orden de su importancia.

Henry L. Doherty, fundador de la Cities Service Company, una empresa de amplitud nacional, dijo que, con independencia de los salarios que pagaba, había dos capacidades que le resultaban casi imposibles de encontrar. Estas dos capacidades sin precio son: primeramente la capacidad de pensar. En segundo lugar, la capacidad de hacer las cosas por el orden de su importancia.

Charles Luckman, el muchacho que, comenzando desde abajo, subió en doce años hasta la presidencia de la empresa dentífrica Pepsodent Company, obtuvo un salario de cien mil dólares anuales y ganó un millón de dólares además, declaró que debe buena parte de sus triunfos a haber desarrollado las dos capacidades que Henry L. Doherty entiende que son tan difíciles de encontrar. Charles Luckman manifestó: "Que yo recuerde, nunca me he levantado después de las cinco de la madrugada, porque creo que a esa hora puedo pensar mejor que a cualquier otra. Puedo pensar mejor y establecer mi plan para el día, el plan de hacer las cosas según el orden de su importancia".

Frank Bettger, uno de los vendedores de seguros más afortunados de Norteamérica, no esperaba a las cinco de la madrugada para establecer su plan. Lo establecía la noche anterior; se fijaba una meta, la de vender determinada cantidad de seguros durante el día. Si fracasaba, agregaba la cantidad que correspondía a la tarea del día siguiente, y así sucesivamente.

Sé por larga experiencia que no siempre cabe pensar en las cosas por el orden de su importancia, pero sé también que un plan de una u otra clase, para hacer en primer lugar las cosas principales, vale infinitamente más que improvisar en el camino.

Si George Bernard Shaw no se hubiese establecido como rígida norma hacer en primer lugar las cosas principales, es probable que hubiera fracasado como escritor y continuado toda su vida como cajero de banco. Su plan consistía en escribir cinco páginas diarias. Este plan y su firme determinación de cumplirlo lo salvaron. Este plan le inspiró para escribir esas cinco páginas diarias durante nueve angustiosos años en que sólo obtuvo treinta dólares, es decir, apenas un centavo por día. Hasta Robinson Crusoe escribía un plan de lo que haría cada hora del día.

Buen Hábito de Trabajo N° 3:
Cuando tenga un problema, resuélvalo inmediatamente.
Si tiene los datos necesarios para tomar una decisión, no vaya posponiendo las decisiones.

Uno de mis antiguos alumnos, el extinto H. P. Howell, me dijo que, cuando era miembro de la junta directiva de la empresa de acero U. S. Steel, las reuniones de este organismo trataban frecuentemente de asuntos muy demorados; se discutían muchos problemas, pero se tomaban pocas decisiones. El resultado era que cada directivo tenía que llevarse a su casa un montón de informes para estudiar.

Al fin, el señor Howell persuadió a la junta directiva de que abordara los problemas uno a uno y tomara una decisión. Nada de dejar los asuntos sobre la mesa, nada de demoras. La decisión podía consistir en pedir más información; podía consistir en hacer algo o no hacer nada. Pero siempre se tomaba una decisión sobre el problema antes de pasar al siguiente. El señor Howell me manifestó que los resultados fueron muy notables; el orden del día quedó muy despejado. Ya no era necesario que cada miembro del organismo se llevara a casa un montón de informes. Ya no existía esa sensación fastidiosa que causan los problemas pendientes. Es una buena norma, no solamente para los miembros de la junta directiva de la U. S. Steel, sino también para usted y para mí.

Buen Hábito de Trabajo N° 4:
Aprender a organizar, delegar y supervisar.

Muchas personas de negocios van a una muerte prematura porque nunca han aprendido a delegar la responsabilidad en otros e insisten en hacerlo todo por sí mismos. Resultado: los detalles y la confusión los avasallan. Se sienten impulsados por una sensación de prisa, preocupación, ansiedad y tensión. Es duro aprender a delegar responsabilidades. Lo sé. Fue duro para mí, terriblemente duro. También sé por experiencia los desastres que pueden ocurrir por delegar la autoridad en quien no reúne condiciones.

Pero, por difícil que sea delegar la autoridad, el jefe debe hacerlo para evitar la preocupación, la tensión y la fatiga.

La persona que crea una gran empresa y no aprende a organizar, delegar y supervisar acaba generalmente con desarreglos cardíacos a los cincuenta años de edad o no bien cumple los sesenta. Son desarreglos causados por la tensión y las preocupaciones. ¿Quieren un ejemplo concreto? Fíjense en las noticias necrológicas del diario local.

Para evitar la fatiga y la preocupación:

1. Despeje su escritorio de todos los papeles excepto aquéllos relativos al problema inmediato a resolver.

2. Haga las cosas según su orden de importancia.

3. Cuando usted enfrenta un problema, resuélvalo inmediatamente, si tiene los datos necesarios para tomar una decisión.

4. Aprenda a organizar, delegar y supervisar.

3

QUÉ ES LO QUE NOS CANSA Y QUÉ PODEMOS HACER AL RESPECTO

He aquí un hecho asombroso e importante: el trabajo mental no puede cansar por sí solo. Parece absurdo. Pero, hace unos cuantos años, los científicos trataron de averiguar hasta cuándo el cerebro humano puede trabajar sin llegar a "una disminución de la capacidad de trabajo", la definición científica de la fatiga. Para asombro de esos científicos, se vio que la sangre que pasa a través del cerebro no muestra fatiga alguna cuando está en actividad. Si se toma la sangre de las venas de un trabajador manual que está trabajando, se la encuentra llena de "toxinas de fatiga" y de otros productos del cansancio. Pero, si se toma una gota de sangre del cerebro de Albert Einstein, no se observará toxina de fatiga alguna al término de la jornada.

En lo que se refiere al cerebro, puede trabajar tan bien y tan ágilmente al cabo de ocho o diez horas de esfuerzo como al comienzo. El cerebro es incansable... Entonces ¿qué es lo que nos cansa?

Los psiquiatras declaran que la mayor parte de nuestra fatiga proviene de nuestras actitudes mentales y emocionales. Uno de los más distinguidos psiquiatras de Inglaterra, J. A. Hadfield, en su libro *The Psychology of Power (La psicología del poder)* dice que "la mayor parte de la fatiga que padecemos es de origen mental; en realidad, el agotamiento de origen puramente físico es raro".

Uno de los más distinguidos psiquiatras norteamericanos, el Dr. A. A. Brill, va más allá. Declara: "El cien por ciento de la fatiga del trabajador sedentario en buena salud es debido a factores psicológicos, entendiendo por tales los factores emocionales".

¿Qué clase de factores emocionales cansan al trabajador sedentario, a quien trabaja sentado? ¿La alegría? ¿La satisfacción? ¡No, nunca! El aburrimiento, el resentimiento, la sensación de que no se aprecia el trabajo de uno, la sensación de inutilidad, la prisa, la ansiedad, la preocupación... Tales son los factores emocionales que agotan al trabajador sedentario, que lo exponen a resfríos, que reducen su producción y que lo devuelven a casa con jaqueca. Sí, nos cansamos porque nuestras emociones producen tensiones nerviosas en el cuerpo.

La Metropolitan Life Insurance Company señala esto en un folleto sobre la fatiga. Esta gran compañía de seguros de vida declara: "El trabajo duro rara vez causa por sí mismo una fatiga que no pueda ser curada con un buen sueño o descanso... La preocupación, las tensiones y las perturbaciones emocionales son tres de las principales causas de la fatiga. Es frecuente que sean las culpables en los casos en que la causa aparente es el trabajo físico o mental... Recordemos que un músculo tenso es un músculo que trabaja. ¡Es preciso serenarse! Ahorremos energía para los deberes de importancia".

Deténgase usted ahora, en este mismo instante, y hágase un examen. Mientras lee estas líneas, ¿tiene usted una expresión ceñuda? ¿Siente tensión entre los ojos? ¿Está usted cómodamente sentado en su asiento? ¿O tiene los hombros levantados? ¿Están tensos los músculos de su rostro? Si todo su cuerpo no se encuentra en el mismo abandono que una vieja muñeca de trapo, usted está produciendo en este instante tensiones nerviosas y tensiones musculares. Fíjese bien en esto: *¡Está usted produciendo tensiones nerviosas y fatiga nerviosa!*

¿Por qué producimos estas tensiones innecesarias al realizar un trabajo mental? Daniel W. Josselyn dice: "Encuentro que el principal obstáculo... es la casi universal creencia de que el trabajo duro requiere una sensación de esfuerzo para que sea bien hecho". Tal es la razón de que nos pongamos ceñudos cuando nos concentramos. De que levantemos los hombros. Pedimos a nuestros músculos que realicen los movimientos del *esfuerzo*, lo que en nada ayuda al trabajo del cerebro.

He aquí una asombrosa y trágica verdad: millones de personas que no pensarían jamás en malgastar un centavo andan malgastando y despilfarrando su energía con la inconsciencia de siete marineros borrachos en Singapur. ¿Cuál es la solución para esta fatiga nerviosa? ¡Descanso! ¡Descanso! ¡Descanso! *¡Aprendamos a descansar mientras realizamos nuestro trabajo!*

¿Fácil? No. Usted tendrá probablemente que cambiar las costumbres de toda una vida. Pero el esfuerzo vale la pena, porque puede revolucionar su existencia. En su ensayo sobre "El Evangelio del descanso", William James dice: "La hipertensión, las sacudidas, el jaleo y la intensidad y la angustia de la expresión de los norteamericanos... son *malos hábitos*, ni más ni menos". *La tensión es un hábito. Descansar es un hábito. Y cabe reformar los malos hábitos y formar los buenos.*

¿Cómo se descansa? ¿Se comienza con el espíritu o se comienza con los nervios? Ni con uno ni con otros. *Se comienza a descansar siempre con los músculos.*

Hagamos una prueba. Para que se vea cómo se hace, supongamos que comenzamos con los ojos. Lea este párrafo y, cuando haya llegado al final, eche la cabeza hacia atrás, cierre los ojos y *dígales silenciosamente:* "Basta. Basta ya. Basta de tensión, basta de ceño. Basta. Basta ya, aflójense". Repita esto una y otra vez, lentamente, durante un minuto...

¿No ha observado usted que, al cabo de unos segundos, los músculos de los ojos *comenzaron a obedecer?* ¿No sintió usted como si una mano hubiera barrido la tensión? Bien, por increíble que parezca, usted ha revelado en un solo minuto toda la clave del arte de descansar. Usted puede hacer lo mismo con la mandíbula, los músculos del rostro, el cuello, los hombros y todo el cuerpo. Pero el órgano más importante es el ojo. El Dr. Edmund Jacobson, de la Universidad de Chicago, ha llegado a decir que, si usted es capaz de procurar descanso completo a los músculos de los ojos, podrá también olvidarse de todas sus zozobras. La razón de que los ojos sean tan importantes para aliviar la tensión nerviosa es que queman una cuarta parte de todas las energías nerviosas consumidas por el cuerpo. Tal es también, por otra parte, el motivo de que muchas personas con una visión perfecta sufran de "cansancio en los ojos". Es que tienen sus ojos en tensión.

Vicki Baum, la famosa novelista, dice que, cuando era niña, conoció a un anciano que le enseñó una de las más importantes lecciones que aprendió en la vida. Vicki Baum se cayó; se hizo heridas en las rodillas y se lastimó una muñeca. El viejo la recogió; había sido un payaso de circo y, mientras limpiaba a la niña, dijo: "La razón de que te hayas hecho daño es que no sabes descansar. Tienes que parecerte a un calcetín; ser tan blanda y flexible como un calcetín viejo. Ven, te enseñaré cómo se hace".

Y aquel anciano enseñó a Vicki Baum y a los otros niños cómo se caía y cómo se daban saltos mortales. Y siempre insistía: "Pensad que sois un calcetín viejo. Y, para esto, hay que *descansar*".

Cabe descansar a ratos perdidos, cualquiera que sea el lugar donde uno se encuentre. Pero no hay que hacer esfuerzos para descansar. *El descanso es la ausencia de toda tensión y de todo esfuerzo*. Hay que pensar en descansar. Comencemos pensando en el descanso de los músculos de nuestros ojos y nuestra cara, diciendo una y otra vez: "Dejad esto... Dejadlo... Dejadlo y descansad".

Hay que sentir cómo la energía huye de nuestros músculos faciales para refugiarse en el centro del cuerpo. Piense que está tan libre de tensiones como una criatura. Esto es lo que solía hacer la Galli-Curci, la gran soprano. Helen Jepson me dijo que solía ver a la Galli-Curci antes de una representación sentada en una butaca, con todos los músculos relajados y con su mandíbula inferior tan caída que, en realidad, se hundía. Es una práctica excelente: esto impedía a la cantante ponerse nerviosa antes de entrar en escena; esto impedía el cansancio. He aquí cinco indicaciones que le ayudarán a usted a aprender cómo se descansa:

1. Descanse a ratos perdidos. Deje su cuerpo tan blando como un viejo calcetín. Yo tengo en mi mesa mientras trabajo un viejo calcetín de color castaño, como recuerdo de lo blando que debería estar. Si no tiene un calcetín, puede utilizar el gato. ¿Ha tomado usted en sus manos a un gatito que estuviera tomando el sol? Los dos extremos de su cuerpo se comban como un periódico mojado. Hasta los yoguis de la India dicen que, si se quiere ser maestro en el arte del descanso, hay que observar al gato. Yo nunca he visto un gato cansado, un gato con desarreglos nerviosos o un gato que sufra de insomnio, preocupación o úlceras de estómago.

2. Trabaje, en la medida de lo posible, en posiciones cómodas. Recuerde que las tensiones del cuerpo producen dolores en hombros y espalda y fatiga nerviosa.

3. Obsérvese cuatro o cinco veces por día y dígase: "¿Estoy haciendo mi trabajo más duro de lo que realmente es? ¿Estoy utilizando músculos que nada tienen que ver con el trabajo que estoy haciendo?" Esto le ayudará a formarse el *hábito* del descanso y, como dice el Dr. David Harold Fink, "entre los que mejor conocen la psicología, los hábitos están en la proporción de dos a uno".

4. Examínese usted de nuevo al final de la jornada, preguntándose: ¿Hasta qué punto estoy cansado? Si estoy cansado no es a causa del trabajo mental que he realizado, sino a causa del modo en que lo he realizado". Daniel W. Josselyn dice: "Mido mis realizaciones, no por lo cansado que estoy al final de la jornada, sino por la medida en que no estoy cansado. Cuando me siento particularmente cansado al final de la jornada o con una irritabilidad que demuestra que mis nervios están cansados, sé de modo indubitable que ha sido un día ineficiente tanto en cantidad como en calidad". Si todos los ejecutivos aprendieran esta misma lección, nuestro promedio de fallecimientos por enfermedades

de "hipertensión" descendería de la noche a la mañana. Y dejaríamos de llenar nuestros sanatorios y manicomios con personas deshechas por la fatiga y la preocupación.

4

CÓMO ELIMINAR EL ABURRIMIENTO QUE CAUSA FATIGA, PREOCUPACIÓN Y RESENTIMIENTO

Una de las principales causas de la fatiga es el aburrimiento. Como ejemplo, pongamos el caso de Alicia, una mecanógrafa. Alicia llegó a casa una noche completamente agotada. *Parecía* cansada. *Estaba* cansada. Tenía jaqueca. Le dolía la espalda. Estaba tan agotada que quería irse a la cama sin cenar. Su madre le suplicó... Se sentó a la mesa. En esto sonó el teléfono. ¡El amigo preferido! ¡Una invitación para un baile! Los ojos brillaron y el ánimo se levantó. La muchacha corrió arriba, se puso el vestido azul y bailó hasta las tres de la madrugada. Y, cuando llegó a casa, no sentía el menor cansancio. En realidad, estaba tan excitada que no podía dormirse.

¿Estaba Alicia verdaderamente cansada ocho horas antes, cuando parecía tan agotada? Cierto que sí. Estaba agotada porque estaba aburrida de su trabajo, tal vez aburrida de la vida. Hay millones de Alicias. Y usted puede ser una de ellas.

Es un hecho bien sabido que la actitud emocional tiene por lo general más que ver con la fatiga que el ejercicio físico. Hace unos cuantos años, Joseph E. Barmack, doctor en Filosofía, publicó en los *Archivos de Psicología (Archives of Psychology)* un informe sobre algunos de sus experimentos tendientes a demostrar cómo el aburrimiento produce cansancio. El Dr. Barmack sometió a un grupo de alumnos a una serie de pruebas en las que, según se había calculado, revelarían escaso interés. ¿Resultado? Los alumnos se sintieron cansados y amodorrados, se queja-

31

ron de jaqueca y tensión en los ojos y mostraron su irritación. ¿Era todo "imaginación"? No. Estos alumnos fueron sometidos después a pruebas de metabolismo. Estas pruebas mostraron que la presión sanguínea y el consumo de oxígeno disminuyen cuando una persona está aburrida y que todo el metabolismo se acelera en cuanto la misma persona revela interés y placer por su trabajo.

Raramente nos cansamos cuando estamos haciendo algo interesante y excitante. Por ejemplo, recientemente tomé unas vacaciones en los montes canadienses que rodean al lago Louise. Pasé varios días pescando truchas en el arroyo Corral, abriéndome paso entre matas más altas que mi cabeza, tropezando con troncos caídos... Sin embargo, ocho horas diarias de esta tarea no me cansaban. ¿Por qué? Porque estaba exaltado, encantado. Tenía la sensación de haber realizado una gran hazaña: había pescado seis magníficas truchas. Pero supongamos que la pesca me hubiera aburrido: ¿cómo me habría sentido entonces? Aquel durísimo trabajo a más de dos mil metros de altitud me hubiera agotado por completo.

Aun en actividades tan intensas como el montañismo, el tedio puede cansarnos mucho más que el duro trabajo que hay que realizar. Por ejemplo, el señor S. H. Kingman, presidente de una institución bancaria de Minneapolis, me contó un incidente que es una perfecta ilustración de este aserto. En julio de 1943 el gobierno canadiense pidió al Club Alpino del Canadá que proporcionara guías para adiestrar a los Cazadores del Príncipe de Gales en el escalamiento de montañas. El señor Kingman fue uno de los guías elegidos para adiestrar a estos soldados. Me contó cómo él y otros guías —hombres entre los cuarenta y dos y cincuenta y nueve años de edad— condujeron a los jóvenes combatientes por los glaciares y campos de nieve y a lo alto de un farallón de quince metros de altura, donde había que trepar con cuerdas y sin otros apoyos que insignificantes resaltos y agarraderos. Subieron al Pico Michael, al Pico Vicepresidente y a otras innominadas cumbres del Valle de Little Yoho, en las Montañas Rocosas canadienses. Después de quince horas de montañismo, estos jóvenes, que estaban en excelentes condiciones —acababan de terminar un curso de seis semanas en un duro adiestramiento de "comando"—, revelaban el más completo agotamiento.

¿Es que esta fatiga era causada por la utilización de músculos que no habían sido endurecidos en el adiestramiento de "comando"? Quien haya presenciado alguna vez este adiestramiento considerará ridícula la pregunta. No, estaban tan agotados porque les aburría aquel montañismo. El cansancio era tan grande que algunos se echaban a dormir sin esperar a comer. Pero los guías —hombres que duplicaban y triplicaban a los soldados en edad— ¿estaban cansados? Sí, pero no agotados. Los guías comían y continuaban levantados durante horas, en amena charla acerca de las experiencias del día. No estaban agotados porque estaban interesados.

Cuando el doctor Edward Thorndike, de Columbia, realizaba experimentos sobre la fatiga, hacía que varios jóvenes se mantuvieran despiertos durante casi una semana, manteniéndolos siempre interesados. Se dice que al cabo de una intensa investigación, Thorndike afirmó: "El aburrimiento es la única causa real de la disminución del trabajo".

Si es usted un trabajador mental, rara vez le cansará la cantidad de trabajo que realice. Puede cansarse por la cantidad de trabajo que *no* realice. Por ejemplo, recuerde el día de la última semana en que fue usted constantemente interrumpido. Las cartas quedaron sin contestar. Hubo que anular tales o cuales entrevistas. Surgieron dificultades en varios sitios. Todo anduvo mal. Usted no realizó nada y llegó a casa agotado y con la cabeza que parecía estallar.

Al día siguiente, todo marchó sobre ruedas en la oficina. Usted realizó cuarenta veces más cosas que el día anterior. Usted volvió a su casa tan fresco como una blanca gardenia. Usted ha tenido esta experiencia. Y yo también.

¿Qué lección se puede aprender aquí? Ésta: nuestra fatiga tiene frecuentemente por causa, no nuestro trabajo, sino la preocupación, la frustración y el resentimiento.

Mientras escribía este capítulo fui a ver una reposición de *Show Boat*, la deliciosa comedia musical de Jerome Kern. El capitán Andy, el comandante del *Cotton Blossom*, dice en uno de sus incisos filosóficos: "Personas con suerte son las que tienen que hacer las cosas que les gusta hacer". Estas personas tienen suerte porque tienen más energía, más alegría, menos preocupación y menos fatiga. Donde esté tu interés, allí estará también tu energía. Caminar diez cuadras con una esposa regañosa puede ser más cansador que caminar veinte kilómetros con una novia adorable.

Y ¿qué? ¿Qué cabe hacer con esto? Bien, he aquí lo que hizo con esto una mecanógrafa que trabajaba en una compañía petrolífera de Tulsa, Oklahoma. Tenía que realizar varios días por mes una de las tareas más aburridas que es posible imaginar: llenar formularios de arriendo, con inclusión de cifras y estadísticas. Era una tarea tan aburrida que la joven decidió, en propia defensa, hacerla interesante. ¿Cómo? Estableció una competencia diaria consigo misma. Contaba el número de formularios que había llenado por la mañana y trataba de superar la marca por la tarde. Contaba el total de cada día y trataba de superarlo al día siguiente. ¿Resultado? Pronto estuvo en condiciones de llenar más formularios que todas las demás mecanógrafas de la sección. Y ¿adónde la llevó esto? ¿A las alabanzas? No... ¿Al agradecimiento? No... ¿Al ascenso? No... ¿Al aumento de sueldo? No... Pero la ayudó a impedir la fatiga que provoca el aburrimiento. Le procuró un estimulante mental. Como había hecho todo lo posible para convertir en interesante una tarea aburrida, tenía más energía, más celo, y disfrutaba mucho más de sus horas de ocio. Sé que este relato es verídico, porque resulta que me casé con esta joven.

He aquí la historia de otra mecanógrafa que encontró que valía la pena actuar *como* si su trabajo fuera interesante. Solía luchar con su trabajo. Pero ya no lo hace. Se llama Vallie G. Golden y es de Elmhurst, Illinois. He aquí su relato, según me lo escribió:

"Hay cuatro mecanógrafas en mi oficina y cada una de

nosotras tiene que tomar las cartas de varios hombres. De cuando en cuando nos armamos un lío en esta tarea y, en una ocasión, cuando un subjefe de sección insistió en que debía rehacer una carta, me sublevé. Traté de convencerlo de que la carta podía ser corregida sin ser rehecha, pero él me replicó que, si no rehacía la carta, ya encontraría quien lo hiciera. Yo estaba fuera de mí. Pero, al comenzar a rehacer la carta, me dije que serían muchas las personas que disfrutarían con la oportunidad de hacer el trabajo que yo estaba haciendo. Me dije también que me pagaban un sueldo para hacer precisamente lo que estaba haciendo. Empecé a sentirme mejor. De pronto decidí hacer el trabajo como si verdaderamente disfrutara con él, a pesar de que lo despreciara. E hice así este importante descubrimiento: hacer el trabajo como si verdaderamente se disfrutara con él, permite cierto disfrute. También he averiguado que puedo trabajar más de prisa si disfruto con mi trabajo. Tal es la razón de que muy rara vez tenga ahora que trabajar fuera de las horas ordinarias. Esta nueva actitud mía me conquistó la reputación de buena trabajadora. Y, cuando uno de los jefes de sección necesitó una secretaria particular, me eligió a mí para el puesto, porque, según dijo, yo siempre estaba dispuesta a hacer sin gruñir cualquier trabajo extraordinario. Este asunto del poder de una nueva actitud mental ha sido para mí un gran descubrimiento. ¡Ha obrado maravillas!"

Vallie Golden utilizó la milagrosa filosofía "como si" del profesor Hans Vaihinger.

Actúe "como si" su trabajo le interesara y esta actuación tenderá a crearle un interés real. También tenderá a disminuir su fatiga, sus tensiones y sus preocupaciones.

Hace unos cuantos años Harlan A. Howard tomó una decisión que cambió su vida por completo. Decidió hacer interesante una tarea tediosa. Y su tarea era verdaderamente tediosa: lavar platos, fregar mostradores y eliminar todo rastro de los helados en la cantina de la escuela de segunda enseñanza, mientras los demás chicos jugaban al fútbol o bromeaban con las chicas. Harlan Howard desdeñaba su trabajo, pero, como tenía que hacerlo, decidió estudiar el helado: cómo se hacía, qué ingredientes se utilizaban, por qué unos helados eran mejores que otros. Estudió la química del helado y se convirtió en la lumbrera de la clase de química de la escuela. Se interesó tanto en la química de la alimentación que ingresó en el Colegio del Estado de Massachusetts y se destacó en el campo de la "tecnología alimentaria". Cuando la Bolsa de Cacao de Nueva York ofreció un premio de cien dólares para el mejor estudio sobre los usos del cacao y el chocolate —un premio al que podían aspirar todos los estudiantes universitarios—, ¿saben ustedes quién lo ganó? Han acertado. Fue Harlan Howard.

Cuando se vio en dificultades para encontrar trabajo, Harlan Howard abrió un laboratorio privado, en el sótano de su casa, en Amherst, Massachusetts. Poco después se aprobó una ley. Era obligatorio contar el número de bacterias de la leche. Harlan A. Howard estaba muy pronto contando las bacterias para catorce compañías lecheras de Amherst y tuvo que contratar a dos ayudantes.

¿Dónde estará dentro de veinticinco años Harlan A. Howard? Bien, los hombres que ahora dirigen el negocio de la química de la alimentación se habrán retirado o habrán fallecido para entonces y sus puestos serán ocupados por los jóvenes que ahora irradien iniciativa y entusiasmo. Dentro de veinticinco años Harlan A. Howard será probablemente una de las principales figuras de su profesión, mientras que algunos de sus compañeros de clase, a los que solía servir helados, estarán amargados, sin empleo, echando la culpa al gobierno y lamentándose de no haber tenido nunca una oportunidad. Cabe que Harlan A. Howard no hubiera tenido tampoco nunca una oportunidad, si no hubiese tomado la de hacer interesante una tarea aburrida.

Hace años hubo otro joven que se aburría con su trabajo de permanecer junto a un torno, produciendo pernos en una fábrica. Se llamaba Sam. Quería dejar su colocación, pero temía no encontrar otra. Como tenía que hacer este tedioso trabajo, Sam decidió hacerlo interesante. Disputó una carrera con el mecánico que operaba una máquina a su lado. Uno de ellos tenía que aislar superficies en su máquina y el otro tenía que dar a los pernos su diámetro exacto. Cambiaban de máquinas de cuando en cuando y verificaban quién conseguía fabricar más pernos. El capataz, impresionado por la rapidez y la precisión de Sam, pronto dio a éste un puesto mejor. Fue el comienzo de toda una serie de ascensos. Treinta años después, Sam —Samuel Vauclain— era presidente de la fábrica de locomotoras Baldwin. Pero pudo no haber pasado de mecánico en toda su vida, si no hubiese decidido hacer interesante su aburrido trabajo.

H. V. Kaltenborn —el famoso analista de noticias de radio— me explicó en una ocasión cómo hizo interesante una tarea tediosa. Cuando tenía veintidós años cruzó el Atlántico en un barco para ganado, como mozo al cuidado de los animales. Después de recorrer Inglaterra en bicicleta, llegó a París, hambriento y sin un centavo. Empeñó su máquina fotográfica por cinco dólares y, mediante un aviso que puso en la edición de París del diario *The New York Herald*, obtuvo un puesto de vendedor de aparatos estereoscópicos. Si usted ha cumplido ya los cuarenta años, recordará aquellos antiguos estereoscopios que poníamos ante nuestros ojos para contemplar dos imágenes exactamente iguales. Al mirar, sucedía un milagro. Las dos lentes del estereoscopio transformaban las dos imágenes en una sola con el efecto de una tercera dimensión. Veíamos la distancia. Obteníamos una asombrosa sensación de perspectiva.

Bien, como iba diciendo, Kaltenborn comenzó a vender estos aparatos de puerta en puerta en París. Y no sabía francés. Pero ganó quinientos dólares de comisiones aquel año y se convirtió en uno de los vendedores de Francia mejor pagados. H. V. Kaltenborn me dijo que esta experiencia desarrolló en él las cualidades que conducen al triunfo más que cualquier año de estudios en Harvard. ¿Confianza? Me afirmó que, después de aquella experiencia, se consideró capaz de vender las *Actas del Congreso Norteamericano* a las amas de casa francesas.

Esta experiencia le procuró también un íntimo conocimiento de la vida francesa, lo que le sirvió después de mucho para interpretar ante el micrófono los acontecimientos europeos.

¿Cómo se las arregló para convertirse en un buen vendedor ignorando el francés? Bien, pidió a su patrón que le escribiera lo que tenía que decir en perfecto francés y se lo aprendió de memoria. Llamaba a una puerta y salía el ama de casa. Kaltenborn comenzaba a recitar de memoria con un acento tan espantoso que resultaba cómico. Mostraba al ama de casa las imágenes y, cuando se le hacía alguna pregunta, se limitaba a encogerse de hombros y a decir: "Un yanqui... Un yanqui..." Se quitaba el sombrero y enseñaba la copia en perfecto francés de lo que tenía que decir pegada en el forro. El ama de casa se echaba a reír, él también, y había así ocasión para enseñar más imágenes. Cuando H. V. Kaltenborn me contó todo esto, confesó que su trabajo había sido cualquier cosa menos fácil. Me dijo que sólo una cualidad le permitió seguir adelante: su determinación de hacer interesante el trabajo. Todas las mañanas antes de salir de casa, se miraba al espejo y se decía unas cuantas palabras de ánimo: *"Kaltenborn, tienes que hacer esto si quieres comer. Y como tienes que hacerlo, ¿por qué no lo pasas bien mientras lo haces? ¿Por qué no te imaginas que cada vez que llamas a una puerta eres un actor ante las candilejas y hay un público que te está mirando? Al fin y al cabo, lo que estás haciendo es tan divertido como cualquier cosa de la escena. ¿Por qué no pones celo y entusiasmo en el asunto?"*

El señor Kaltenborn me dijo que estas charlas diarias ante el espejo le ayudaron a transformar una tarea que había odiado y temido en una aventura que le agradaba y le resultaba muy provechosa.

Cuando pregunté al señor Kaltenborn si tenía algún consejo que dar a los jóvenes norteamericanos con deseos de triunfar, dijo: "Sí, lucha contigo mismo cada mañana. Hablamos mucho acerca de la importancia del ejercicio físico para despertarnos del medio sueño en que tantos nos desenvolvemos. Pero necesitamos todavía más algún ejercicio mental y espiritual que nos impulse cada mañana a la acción. Háblate a ti mismo con palabras de ánimo todos los días". ¿Es que hablarnos así es tonto, superficial, infantil? No; es, por el contrario, la misma esencia de una sólida psicología. "Nuestra vida es la obra de nuestros pensamientos." Estas palabras son tan ciertas hoy como hace dieciocho siglos, cuando fueron escritas por primera vez por Marco Aurelio en sus *Meditaciones*: "nuestra vida es la obra de nuestros pensamientos".

Hablándose a sí mismo a todas horas, usted puede orientarse a tener pensamientos de coraje y felicidad, pensamientos de vigor y paz. Hablándose a sí mismo de las cosas que debe agradecer, puede usted llenar su espíritu de pensamientos que encumbran y cantan.

Al tener los pensamientos acertados, usted puede hacer cualquier tarea menos desagradable. Su patrón quiere que usted se interese en un trabajo porque quiere hacer más dinero. Pero olvidémonos de lo que el patrón quiere. Pensemos únicamente en lo que puede beneficiarnos el interés en nuestro trabajo. Recordemos que podemos duplicar la felicidad de nuestra vida, pues empleamos en el trabajo la mitad de nuestras horas de vigilia y, si no hallamos la felicidad en el trabajo, es posible que no la encontremos nunca en ninguna parte. Recordemos que, interesándonos en nuestra tarea, eliminaremos nuestras preocupaciones y, a la larga, obtendremos probables ascensos y aumentos de sueldo. Y, aunque esto no suceda, reduciremos nuestro cansancio a un mínimo y disfrutaremos más de nuestras horas de ocio.

5

¿ACEPTARÍA USTED UN MILLÓN DE DÓLARES POR LO QUE TIENE?

Conocí a Harold Abbot durante años. Vivía en Webb City, Missouri. Era quien organizaba mis conferencias. Un día nos vimos en Kansas City y me llevó en su automóvil a mi granja de Belton, Missouri. Durante el viaje le pregunté cómo se defendía de las preocupaciones y me contó una historia tan alentadora que nunca la olvidaré.

"Yo solía preocuparme mucho —me dijo—, pero un día de primavera de 1934, cuando iba por la calle West Dougherty, en Webb City, vi un espectáculo que desvaneció todas mis preocupaciones. Todo sucedió en diez segundos, pero, en este tiempo, aprendí acerca de cómo se debe vivir más de lo que había aprendido en los diez años anteriores. Durante dos años, había tenido un almacén de comestibles en Webb City. No solamente había perdido todos mis ahorros, sino que había contraído deudas cuya liquidación me exigió siete años. Mi almacén se había cerrado el sábado anterior y ahora iba en busca de un préstamo al Banco Mercantil y Minero, a fin de ir a Kansas City para tratar de obtener una colocación. Era un hombre vencido. Había perdido mi espíritu de lucha y mi fe. En esto vi que venía por la calle un hombre sin piernas. Estaba sentado en una plataforma de madera equipada con ruedas de patín. Se empujaba con los bloques de madera que llevaba en cada mano. Lo vi en el momento en que había cruzado la calle y trataba de subir el escalón de unos cuantos centímetros de la acera. Cuando inclinaba su plataforma de madera para formar el ángulo apropiado, sus ojos se encontraron con los míos. Me saludó con una amplia sonrisa. 'Buenos días, señor. Linda mañana, ¿no es así?' Al contemplarlo comprendí qué rico era yo. Tenía dos piernas. Podía caminar. Me avergoncé de la compasión que yo mismo me había inspirado. Me dije que, si aquel hombre podía ser feliz y animoso sin piernas, yo lo podía ser con ellas. Sentí cómo mi pecho se ensanchaba. Había proyectado pedir al Banco Mercantil y Minero cien dólares. Pero, ahora, tuve el valor de pedir doscientos. Había proyectado decir que quería ir a Kansas City para *tratar* de conseguir un cargo. Pero, ahora, anuncié confiadamente que quería ir a Kansas City para *conseguir* empleo. Obtuve el préstamo y también el empleo.

"Ahora, tengo colocadas en el espejo de mi cuarto de baño las siguientes palabras que leo todas las mañanas al afeitarme:

Tuve aflicción por no tener zapatos
hasta que vi a quien no tenía pies."

En una ocasión pregunté a Eddie Rickenbacker cuál era la más importante de las lecciones que había aprendido al permanecer a la deriva con sus compañeros en balsas salvavidas, durante veintiún días, perdidos sin esperanza alguna en el Pacífico. Y la contestación fue: "Lo más importante que aprendí entonces fue que, si se tiene agua para beber y algo para comer en la medida suficiente, no hay motivo alguno para quejarse".

La revista *Time* publicó un artículo sobre un sargento que había sido herido en Guadalcanal. Herido en la garganta por un trozo de proyectil, este sargento había sido sometido a varias transfusiones de sangre. Escribió una nota al médico preguntando: "¿Voy a vivir?" El médico contestó: "Sí". Escribió otra nota indagando: "¿Podré hablar?" También fue ahora afirmativa la respuesta. Y el sargento escribió una tercera nota: "¿Por qué demonios me estoy entonces preocupando?"

¿Por qué usted no se detiene en su rumiar ahora mismo y se pregunta por qué demonios se está preocupando? Verá probablemente que ese porqué es relativamente insignificante.

41

Aproximadamente un noventa por ciento de las cosas de nuestras vidas están bien y un diez por ciento mal. Si queremos ser felices, todo lo que debemos hacer es concentrarnos en el noventa por ciento que está bien y pasar por alto el diez por ciento restante. Si queremos estar preocupados y amargados y acabar con úlceras de estómago, todo lo que debemos hacer es concentrarnos en el diez por ciento que está mal y pasar por alto lo demás.

Las palabras *"Think and Thank"* (*"Piensa y agradece"*) se hallan inscritas en muchas iglesias cromwellianas de Inglaterra. Son palabras que también deberían ser inscritas en nuestros corazones. Deberíamos pensar en todo lo que merece nuestro agradecimiento y dar gracias a Dios por todas nuestras abundancias y prosperidades.

Jonathan Swift, autor de los *Viajes de Gulliver,* era el más devastador de los pesimistas de la literatura inglesa. Lamentaba tanto haber nacido que ayunaba y llevaba luto cuando cumplía años; sin embargo, en medio de su desesperación, el supremo pesimista de la literatura inglesa, Jonathan Swift, alababa el gran poder curativo de la alegría y la felicidad. Declaró: "Los mejores médicos del mundo son el Doctor Dieta, el Doctor Quietud y el Doctor Alegría".

Usted y yo podemos obtener los cuidados del "Doctor Alegría", de modo gratuito y a todas las horas del día, fijando nuestra atención en todas las increíbles riquezas que poseemos, en riquezas que exceden con gran diferencia de los fabulosos tesoros de Alí Babá. ¿Vendería usted sus dos ojos por mil millones de dólares? ¿Qué pediría usted por sus dos piernas? ¿O por sus dos manos? ¿Por su oído? ¿Por sus hijos? ¿Por su familia? Sume todas las partidas y verá que no vendería lo que posee por todo el oro que hayan acumulado los Rockefeller, los Ford y los Morgan juntos.

¿Es que sabemos apreciar todo esto? ¡Ah, no! Como dijo Schopenhauer: "Raramente pensamos en lo que tenemos, sino siempre en lo que nos falta". Sí, la tendencia a "pensar raramente en lo que tenemos y siempre en lo que nos falta" es la mayor tragedia del mundo. Probablemente ha causado más miserias que todas las guerras y enfermedades de la historia.

Fue la causa de que John Palmer se convirtiera de "un muchacho normal en un viejo gruñón" y destrozara su hogar. Lo sé porque él mismo me lo contó.

El señor Palmer, de Paterson, Nueva Jersey, se expresó así: "Poco después de dejar el ejército me dediqué a los negocios. Trabajaba día y noche. Las cosas iban muy bien. En esto las complicaciones comenzaron. Me era imposible conseguir repuestos y cierto material. Temía tener que abandonar la empresa. Me preocupé tanto que me convertí de un muchacho normal que era en un viejo gruñón. Mi carácter se hizo tan agrio y áspero que, bien, aunque no me di cuenta de ello entonces, estuve a punto de perder mi feliz hogar. Un día, un joven veterano inválido que trabajaba conmigo me dijo: 'John, debería darte vergüenza... Parece que eres la única persona en el mundo con dificultades. Supongamos que tengas que cerrar el taller durante algún tiempo. ¿Y qué? Empezarás de nuevo en cuanto la situación se normalice. Tienes muchas cosas que agradecer y te pasas el día gruñendo. ¡Cómo me gustaría estar en tu lugar! Mírame, con sólo un brazo y medio rostro desaparecido... Sin embargo, no me quejo. ¡Si no cesas de gruñir y protestar, perderás, no solamente tu negocio, sino también tu salud, y, por supuesto, tu hogar y tus amigos!'

"Estas observaciones hicieron detenerme en el camino que seguía. Me hicieron comprender qué lejos había ido ya. En aquel mismo momento decidí cambiar y ser el de antes. Y lo hice."

Una amiga mía, Lucile Blake, tuvo que temblar en los lindes mismos de la tragedia antes de aprender a ser feliz con lo que tenía en lugar de preocuparse por lo que le faltaba.

Conocí a Lucile hace años, cuando los dos estudiábamos redacción de cuentos en la Escuela de Periodismo de la Universidad de Columbia. Hace unos cuantos años recibió la mayor sacudida de su vida. Vivía entonces en Tucson, Arizona. Había... Bien, aquí está la historia que me contó:

"Había estado viviendo en un torbellino: estudiando órgano en la Universidad de Arizona, dirigiendo una escuela de declamación en la ciudad y dando clases sobre crítica musical en el rancho Desert Willow Ranch, donde residía. Iba a fiestas, bailes y paseos a caballo a la luz de las estrellas. Una mañana me desvanecí. ¡Mi corazón! El médico me dijo: 'Tendrá usted que permanecer en cama durante un año en reposo absoluto'. No me alentó a creer que recuperaría nunca mi perdida fortaleza.

"¡En cama durante un año! Ser una inválida... y tal vez morir. ¿Por qué tenían que sucederme a mí todas estas cosas? ¿Qué había hecho para merecerlas? Lloré amargamente. Pero guardé cama como el médico me había ordenado. Un vecino mío, el señor Rudolf, un artista, me dijo: 'Usted cree ahora que un año de cama será una tragedia. Pero no lo será. Tendrá usted tiempo para pensar y conocerse. Obtendrá en los próximos meses un desarrollo espiritual muy superior al conseguido en toda su vida anterior'. Quedé más tranquila y traté de desarrollar un nuevo sentido de los valores. Leí libros inspirados. Un día oí que un comentarista de radio decía: 'Sólo se puede expresar lo que se tiene en la conciencia'. Había oído palabras semejantes muchas veces, pero éstas penetraron en mí muy hondamente y echaron raíces. Y decidí tener únicamente los pensamientos que me atraían; pensamientos de alegría, felicidad, salud. Me forcé cada mañana, en cuanto me despertaba, a recordar las cosas por las que debía estar agradecida. No sufría. Tenía una hijita muy linda.

"Veía muy bien. Tenía un buen oído. Oía música deliciosa por la radio. Tenía tiempo para leer. Buena casa. Buena comida. Buenos amigos. Estaba tan animada y tenía tantas visitas, que el médico puso un cartel diciendo que sólo se admitía un visitante a la vez y a determinadas horas.

"Han pasado nueve años desde entonces y, ahora, mi vida es una vida plena y activa. Estoy profundamente agradecida por el año que pasé en la cama. Fue el año más valioso y feliz que pasé en Arizona. La costumbre que adquirí entonces de enumerar mis bienes cada mañana sigue conmigo. Es una de mis más preciadas posesiones.

Me avergüenza comprender que nunca aprendí realmente a vivir hasta que temí morir."

Aunque cabe que no se haya dado cuenta de ello, usted, querida Lucile Blake, aprendió la misma lección que había aprendido doscientos años antes el Dr. Samuel Johnson, quien dijo: "La costumbre de ver el buen lado de cada cosa vale más que mil libras al año".

Estas palabras fueron pronunciadas, tengámoslo en cuenta, por un optimista profesional, pero también por un hombre que había conocido la ansiedad, la pobreza y el hambre durante veinte años, para convertirse finalmente en uno de los más eminentes escritores de su generación y en el conversador más brillante de todos los tiempos.

Logan Pearsall Smith concentró mucha sabiduría en unas cuantas palabras cuando dijo: "Hay dos cosas que deben perseguirse en la vida: la primera es conseguir lo que se quiere; tras esto, disfrutar de ello. Sólo los más sabios logran lo segundo".

¿Les agradaría saber cómo hacer para que hasta fregar los platos en la artesa de la cocina resulte una cosa interesante? Si es así, el método está expuesto en un alentador libro, de valor increíble, de Borghild Dahl. Se titula *I Wanted to See (Quería ver)*.

Este libro fue escrito por una mujer que estuvo prácticamente ciega durante medio siglo. Y esta mujer escribe: "Sólo tenía un ojo y mi ojo único estaba cubierto de tan densas cicatrices que mi único modo de ver era a través de una pequeña abertura a la izquierda. Para leer tenía que colocar el libro muy cerca del rostro y forzar mi único ojo hacia la izquierda cuanto pudiera".

Pero esta mujer no quiso ser compadecida; se negó a ser "diferente". Cuando niña, quiso jugar a la rayuela con sus compañeras, pero no podía ver las marcas. En vista de ello, cuando las otras niñas se fueron a casa, se arrastró por el suelo con los ojos cerca de las marcas. Se aprendió de memoria cada trozo del suelo en que sus amigas jugaban y pronto se convirtió en una experta en diversos juegos. Aprendió a leer en su casa, con un libro de tipos muy grandes que mantenía tan cerca de los ojos que sus pestañas rozaban las páginas. Obtuvo dos títulos universitarios, el de *bachelor* en artes de la Universidad de Minnesota y el de *master* en artes de la Universidad de Columbia.

Comenzó a enseñar en la aldea de Twin Valley, Minnesota, y ascendió hasta convertirse en profesora de periodismo y literatura en el Augustana College de Sioux Falls, Dakota del Sur. Enseñó aquí durante trece años y, al mismo tiempo, dio conferencias en sociedades femeninas y ante el micrófono sobre libros y autores. Y escribe: "En el fondo de mi espíritu había albergado siempre el temor a la ceguera total. Con el fin de superar esto, adopté hacia la vida una actitud animosa, casi bulliciosa y jaranera".

Después, en 1943, cuando tenía cincuenta y dos años, sucedió un milagro: una operación en la famosa Clínica Mayo. Ahora ve cuarenta veces mejor de lo que había visto en cualquier momento anterior.

Se abrió así ante ella un nuevo e interesante mundo de belleza. Encontró interesante hasta lavar platos en la artesa de la cocina. Escribe: "Comencé a jugar con la blanca espuma en la pileta. Hundí mis manos en ella y tomé una bola de diminutas pompas de jabón. La puse a la luz y pude ver en cada una de ellas los brillantes colores de un arco iris en miniatura".

Cuando miró por la ventana que había encima de la artesa, vio las "batientes alas de un gris negruzco de los gorriones que volaban a través de la densa nieve que caía".

Encontró tal placer en contemplar las pompas de jabón y los gorriones que cerró el libro con estas palabras: "Mi Señor, Padre Nuestro que estás en los Cielos, gracias, gracias".

¡Imagínese agradeciendo a Dios por poder lavar platos y ver arcos iris en las pompas de jabón y gorriones volando a través de la nieve!

Usted y yo deberíamos avergonzarnos de nosotros mismos. Todos los días de nuestra vida hemos vivido en un país de magia y de belleza, pero hemos sido demasiado ciegos para ver y estábamos demasiado ahítos para disfrutar.

Recordemos:

¡Contemos nuestros bienes, no nuestros problemas!

6

RECORDEMOS QUE NADIE PATEA
A UN PERRO MUERTO

En 1929 se produjo un acontecimiento que causó sensación en todos los círculos docentes del país. Acudieron a observar el caso de Chicago sabios de toda Norteamérica. Unos cuantos años antes, un joven llamado Robert Hutchins había conseguido graduarse en la Universidad de Yale trabajando de mozo, leñador, preceptor y vendedor de ropas hechas. Ahora, ocho años después, iba a ser el presidente de la cuarta universidad de Norteamérica en orden de ingresos: la Universidad de Chicago. ¿Su edad? ¡Treinta años! ¡Era increíble! Los viejos profesores movían la cabeza. Se multiplicaron las críticas acerca de este "chico prodigio". Era esto y era lo otro: demasiado joven, demasiado inexperimentado, con ideas pedagógicas muy raras... Hasta los periódicos intervinieron en el ataque.

El día en que fue proclamado presidente Robert Maynard Hutchins, un amigo dijo a su padre: "Me he escandalizado esta mañana al leer el artículo editorial en que se atacaba a su hijo".

Y el viejo Hutchins contestó: "Sí, es un ataque duro, pero recuerde que nadie patea a un perro muerto".

Sí, y cuanto más importante es el perro, con más satisfacción se lo patea. El príncipe de Gales, que posteriormente se convirtió en Eduardo VIII, comprobó esto por experiencia propia, en sus posaderas. Asistía entonces al Colegio de Darmouth, en el condado de Devon; es un colegio que corresponde a la Academia Naval de Annapolis. El príncipe tenía catorce años. Un día, uno de los

47

oficiales lo encontró llorando y le preguntó qué le pasaba. Se negó a decirlo al principio, pero finalmente admitió la verdad: los cadetes lo habían pateado. El comodoro del colegio congregó a los muchachos y les explicó que el príncipe no se había quejado, pero que deseaba saber por qué el príncipe había sido castigado. Después de muchas toses y rascaduras de cabeza, los cadetes confesaron que querían estar en condiciones de decir, cuando fueran oficiales de la Marina Real, que habían dado un puntapié al propio Rey.

Por tanto, cuando uno es golpeado y criticado, recordemos que se debe muchas veces a que ello procura al atacante una sensación de importancia. Significa frecuentemente que uno está haciendo algo que merece la atención. Muchas personas obtienen una especie de satisfacción feroz al denunciar a quienes están por encima de ellas o han sido más afortunadas. Por ejemplo, mientras escribía este capítulo, recibí la carta de una mujer que atacaba al general William Booth, fundador del Ejército de Salvación (Salvation Army). Yo había dedicado muchas alabanzas al general Booth en un programa de radio; entonces la mujer me escribió diciendo que el general Booth había robado ocho millones de dólares del dinero que se había recaudado para los pobres. La acusación era, desde luego, absurda. Pero esta mujer no buscaba la verdad. Buscaba la mezquina satisfacción de hacer daño a quien estaba por encima de ella. Eché la fea carta al cesto de los papeles y di gracias a Dios de que una mujer así no fuera mi esposa. La carta no me decía nada acerca del general Booth, pero me decía mucho acerca de su autora. Schopenhauer había dicho hacía años: "El vulgo disfruta muchísimo con los defectos y las locuras de los grandes hombres". Es difícil pensar que un presidente de Yale puede ser un hombre vulgar; sin embargo, un ex presidente de Yale, Timothy Dwight, disfrutó al parecer muchísimo atacando a un candidato a la Presidencia de los Estados Unidos. El presidente de Yale advirtió que, si este hombre era elegido presidente, "podríamos ver a nuestras esposas e hijas víctimas de la prostitución legal, fríamente deshonradas, alevosamente degradadas, convertidas en las proscritas de la delicadeza y la virtud y en la abominación de Dios y de los hombres".

Parece una increpación de Hitler, ¿no es así? Pero no lo era. Era un ataque contra Thomas Jefferson. ¿Qué Thomas Jefferson? Seguramente no el *inmortal* Thomas Jefferson, el autor de la Declaración de Independencia, el santo patrón de la democracia, ¿verdad? Pues sí, ése era el acusado, el mismo.

¿Qué norteamericano creen ustedes que fue acusado de "hipócrita", "impostor" y "poco mejor que un asesino"? Una caricatura de diario lo presentaba en la guillotina, con la cuchilla a punto de caer sobre su cabeza. La multitud lo increpaba y silbaba en las calles. ¿Quién era él? George Washington.

Pero esto ocurrió hace mucho tiempo. Tal vez haya mejorado desde entonces la naturaleza humana. Veamos. Tomemos el caso del almirante Peary, el explorador que emocionó al mundo al alcanzar el Polo Norte en trineos tirados por perros el 6 de abril de 1909; era una meta por la que habían luchado y muerto los valientes durante siglos. El mismo Peary estuvo a punto de morir de hambre y de frío; ocho dedos de los pies se le helaron de tal modo que debieron amputárselos. Lo abrumaron también tanto los contratiempos que temió volverse loco. Sus superiores de Washington ardían de celos; Peary estaba acumulando renombre y aclamaciones. Entonces lo acusaron de haber recaudado dinero para expediciones científicas y de haberse dedicado después "a pasearse y haraganear en el Ártico". Y tal vez lo creían, porque es casi imposible no creer lo que se quiere creer. Su decisión de humillar y cerrar el paso a Peary era tan violenta que sólo una orden directa del Presidente McKinley permitió a Peary continuar su carrera en el Ártico.

¿Hubiera sido atacado Peary si hubiese tenido un puesto de oficina en el Departamento de Marina de Washington? No. Claro que no. No hubiera tenido la importancia necesaria para provocar celos.

El general Grant tuvo una experiencia todavía peor que

la del almirante Peary. En 1862 el general Grant obtuvo la primera gran victoria decisiva para las fuerzas del Norte, una victoria que fue lograda en una tarde, una victoria que hizo de Grant un ídolo nacional de la noche a la mañana, una victoria que tuvo enormes repercusiones hasta en la lejana Europa, una victoria que lanzó las campanas al vuelo y provocó fuegos artificiales y chupinazos en todo el ámbito entre Maine y las orillas del Mississippi. Sin embargo, seis semanas después de obtenido esta victoria, Grant, el héroe del Norte, fue *arrestado y separado de su ejército. Tuvo que dejar el mando humillado y abrumado.*

¿Por qué el general U. S. Grant fue detenido en plena carrera triunfal? En gran parte, porque había provocado los celos y las envidias de sus arrogantes superiores.

Si nos sentimos inclinados a preocuparnos por las críticas...

Recordemos que las críticas injustas son frecuentemente elogios disfrazados. Recordemos que nadie patea a un perro muerto.

7

HAGAMOS ESTO Y LA CRÍTICA NO PODRÁ AFECTARNOS

En una ocasión entrevisté al mayor general Smedley Butler, el viejo "Ojo que Barrena". ¡El "Diablo Infernal" del viejo Butler! ¿Lo recuerdan? El más pintoresco y matasiete de los generales que haya mandado la Infantería de Marina de los Estados Unidos. Me dijo que, en su juventud, trataba desesperadamente de hacerse popular, de causar buena impresión en todo el mundo. En aquellos días, la más ligera crítica le escocía. Pero confesó que treinta años en la Infantería de Marina le habían endurecido el pellejo. Me dijo: "He sido zaherido e insultado. He sido acusado de chacal, de serpiente y de mofeta. He sido maldecido por los técnicos. Me han adjudicado todas las combinaciones posibles de los epítetos más brutales que tiene la lengua inglesa. ¿Molestarme? ¡Bah! Cuando alguien me maltrata ahora de palabra, no me molesto ni en volver la cabeza para ver quién está hablando".

Tal vez era demasiado indiferente a la crítica el viejo "Ojo que Barrena", pero hay una cosa cierta: la mayoría de nosotros damos demasiada importancia a los pinchazos y picaduras. Recuerdo aquella vez, hace años, en que un periodista del neoyorquino diario *Sun* asistió a una demostración de mis clases para adultos y puso después en berlina a mi persona y mi trabajo. ¿Me enfurecí? Lo tomé como un insulto personal. Telefoneé a Gil Hodges, presidente del Consejo de Administración del *Sun,* y exigí prácticamente que publicara un artículo estableciendo los

51

hechos y no poniéndome en ridículo. Estaba decidido a que el castigo se hallara a la altura del crimen.

Me avergüenza mi proceder de entonces. Comprendo ahora que la mitad de las personas que compraron el periódico ni siquiera leyeron el artículo. Una mitad de las que lo leyeron lo consideraron como un motivo de inocente diversión. Y la mitad de los que se refocilaron con él lo olvidaron todo al cabo de unas cuantas semanas.

Comprendo ahora que las personas no están pensando en usted o en mí y se cuidan muy poco de lo que digan de nosotros. Piensan en ellas antes del desayuno, después del desayuno y así sucesivamente hasta la noche. Se interesarán mil veces más en cualquier jaqueca suya que en la noticia de la muerte de usted o de la mía.

Aunque seamos calumniados, ridiculizados, engañados, apuñalados por la espalda y traicionados por uno de cada seis de nuestros más íntimos amigos, no incurramos en una orgía de lamentaciones. En lugar de ello, recordemos que eso fue precisamente lo que le pasó a Jesús. Uno de sus doce más íntimos amigos se convirtió en traidor por un gaje que equivaldría en nuestro moderno dinero a diecinueve dólares. Otro de sus doce más íntimos amigos renegó de él abiertamente en los momentos de peligro y declaró tres veces que ni siquiera conocía a Jesús. Lo hizo con juramento. ¡Uno de cada seis! Esto es lo que sucedió a Jesús. ¿Por qué debemos esperar una proporción mejor?

Descubrí hace años que, aunque no podía impedir que se me criticara injustamente, podía hacer algo infinitamente más importante: podía decidir que las críticas injustas me molestaran o no.

Seamos claros acerca de esto: no estoy propugnando que se pase por alto toda crítica. Lejos de eso. Estoy hablando únicamente de *pasar por alto las críticas injustas*. En una ocasión pregunté a Eleanor Roosevelt cómo se comportaba ante esta clase de críticas; Alá sabe cuántas sufría. Probablemente, ha tenido más fervorosos amigos y más violentos enemigos que cualquier otra mujer que haya pasado por la Casa Blanca.

Me dijo que en su juventud era casi tremendamente tímida y se asustaba de lo que la gente decía. Tenía tanto miedo a la crítica que pidió un día a su tía, la hermana de Theodore Roosevelt, algún consejo. Habló así: "Tía Bye, quiero hacer esto y esto. Pero temo que me critiquen". La hermana de Teddy Roosevelt la miró cara a cara y le dijo: "Nunca debe importarte lo que la gente diga, siempre que sepas en el fondo de tu alma que tienes razón". Eleanor me dijo que este consejo fue su Peñón de Gibraltar años después, cuando estuvo en la Casa Blanca. Me dijo que el único modo de escapar a toda crítica es ser como una figura de porcelana de Dresde y permanecer en un anaquel. "Haga lo que entienda que es justo, porque lo criticarán, de todos modos. Será 'condenado si lo hace y condenado si no lo hace'." Tal es su consejo.

Cuando el extinto Matthew C. Brush era presidente de la American International Corporation le pregunté si era sensible a las críticas. Me contestó así: "Sí, era muy sensible en otros tiempos. Tenía afán de que todos los empleados de la organización pensaran que era perfecto. Si no lo pensaban, me preocupaba. Trataba en primer lugar de agradar a la persona que me había atacado, pero el mismo hecho de entenderme con ella ponía a otros fuera de sí. Después, cuando trataba de arreglar cuentas con esa misma persona, me creaba otro par de moscardones. Finalmente, llegué a la conclusión de que cuanto más trataba de pacificar los espíritus, más enemigos me creaba. Entonces me dije: 'Si consigues ser más que los demás, serás criticado. Acostúmbrate, pues, a la idea'. Esto me ayudó enormemente. Desde entonces me fijé la norma de obrar como mejor sabía y podía y, a continuación, abrir el viejo paraguas y dejar que la lluvia de críticas cayera sobre él y no sobre mí".

Deems Taylor hizo algo más: dejó que la lluvia de críticas cayera sobre él y se rió de la mojadura, en público. Cuando exponía sus comentarios durante el intermedio de los conciertos por radio de las tardes dominicales de la Orquesta Filarmónico-Sinfónica de Nueva York, una mujer le escribió una carta llamándole "mentiroso, traidor, víbora y tonto". El señor Taylor dice en su libro *Of Men and Music (De hombres y música):* "Tengo la sospecha de que esa mujer no encontró interesante mi charla". En sus comentarios de la semana siguiente, el señor Taylor leyó la carta a los millones de oyentes. Y recibió pocos días después otra de la misma señora, en la que ésta "expresaba su no cambiada opinión de que yo era un mentiroso, un traidor, una víbora y un tonto". Es imposible dejar de admirar a quien soporta así las críticas. Son admirables su serenidad, su calma inconmovible y su sentido del humor.

Cuando Charles Schwab hablaba a los estudiantes de Princeton, confesó que una de las más importantes lecciones que había aprendido se la había enseñado un viejo alemán que trabajaba en sus talleres siderúrgicos. Este viejo alemán se vio envuelto en una discusión sobre la guerra con otros operarios y acabó siendo arrojado al río. El señor Schwab dijo: "Cuando llegó el hombre a mi despacho todo mojado y manchado de barro, le pregunté qué había dicho a los compañeros que lo habían arrojado al río y él me contestó: 'Me reí no más'".

El señor Schwab declaró que había adoptado como lema las palabras del viejo alemán: "Reír no más".

Este lema es especialmente bueno cuando se es víctima de críticas injustas. Uno puede replicar al hombre que contesta, pero ¿qué cabe decir al que "ríe no más"?

Lincoln pudo haberse derrumbado bajo la tensión de la guerra civil si no hubiese comprendido la locura que era tratar de responder a los anatemas vitriólicos que lanzaban en contra de él. Su descripción de cómo trataba a sus críticos ha llegado a ser una joya literaria, un texto clásico. El general MacArthur tenía una copia de ese texto colgada sobre su escritorio durante la guerra, y Winston Churchill lo había enmarcado para colgarlo en una pared de su despacho en Chartwell. El texto dice: "Si hubiese tratado de leer, para no hablar de contestar, todas las críticas que me hicieron, esta tienda hubiera tenido que cerrarse para otro negocio cualquiera. Hago las cosas lo mejor que puedo según mi leal saber y entender, y pienso seguir con esta norma hasta el final. Si al final todo acaba bien, lo que se haya dicho contra mí no importa. Y si todo acaba mal, diez ángeles que juraran que yo tenía razón no servirían de nada".

Cuando seamos injustamente criticados, recordemos:

Hagamos las cosas lo mejor que podamos y, a continuación, abramos el viejo paraguas y procuremos que la lluvia de críticas no nos moje.

SEGUNDA PARTE

Técnicas fundamentales para tratar con el prójimo

Cómo ganar amigos e influir sobre las personas es un libro dedicado a las relaciones humanas, acerca de la necesidad de llevarse bien con las personas y de hacer amigos para vivir una vida plena. Si resistimos la tentación de criticar y adoptamos la costumbre de elogiar y apreciar con justicia a los demás, lograremos los mejores resultados en acercarlos a nuestro modo de ser. Las mismas cosas que nos hacen felices en el mundo nos harán felices en la vida doméstica, porque son una necesidad fundamental de todo hombre y de toda mujer.

8

"SI QUIERES RECOGER MIEL, NO DES PUNTAPIÉS A LA COLMENA"

El 7 de mayo de 1937 la ciudad de Nueva York presenció la más sensacional caza de un hombre jamás conocida en esta metrópoli. Al cabo de muchas semanas de persecución, "Dos Pistolas" Crowley —el asesino, el pistolero que no bebía ni fumaba— se vio sorprendido, atrapado en el departamento de su novia, en la Avenida West End. Ciento cincuenta agentes de policía y pesquisas pusieron sitio a su escondite del último piso. Agujereando el techo, trataron de obligar a Crowley, el "matador de vigilantes", a que saliera de allí, por efectos del gas lacrimógeno. Luego montaron ametralladoras en los edificios vecinos, y durante más de una hora aquel barrio, uno de los más lujosos de Nueva York, reverberó con el estampido de los tiros de pistola y el tableteo de las ametralladoras. Crowley, agazapado tras un sillón bien acolchado, disparaba incesantemente contra la policía. Diez mil curiosos presenciaron la batalla. Nada parecido se había visto jamás en las aceras de Nueva York.

Cuando Crowley fue finalmente capturado, el jefe de policía Mulrooney declaró que el famoso delincuente era uno de los criminales más peligrosos de la historia de Nueva York. "Es capaz de matar —dijo— por cualquier motivo."

Pero, ¿qué pensaba "Dos Pistolas" Crowley de sí mismo? Lo sabemos, porque mientras la policía hacía fuego graneado contra su departamento, escribió una carta dirigida: "A quien corresponda". Y al escribir, la sangre que manaba de sus heridas dejó un rastro escarlata en el papel. En esa carta expresó Crowley: "Tengo bajo la ropa un corazón fatigado, un corazón bueno: un corazón que a nadie haría daño".

Poco tiempo antes Crowley había estado abrazando a una mujer en su automóvil, en un camino de campo, en Long Island. De pronto un agente de policía se acercó al coche y dijo: "Quiero ver su licencia". Sin pronunciar palabra, Crowley sacó su pistola y acalló para siempre al vigilante con una lluvia de plomo. Cuando el agente cayó, Crowley saltó del automóvil, empuñó el revólver de la víctima y disparó otra bala en el cuerpo tendido. Y éste es el asesino que dijo: "Tengo bajo la ropa un corazón fatigado, un corazón bueno: un corazón que a nadie haría daño".

Crowley fue condenado a la silla eléctrica. Cuando llegó a la cámara fatal en Sing Sing no declaró, por cierto: "Esto es lo que me pasa por asesino". No. Dijo: "Esto es lo que me pasa por defenderme".

La moraleja de este relato es: "Dos Pistolas" Crowley no se echaba la culpa de nada.

¿Es ésta una actitud extraordinaria entre criminales? Si así le parece, escuche lo siguiente:

"He pasado los mejores años de la vida dando a los demás placeres ligeros, ayudándoles a pasar buenos ratos, y todo lo que recibo son insultos, la existencia de un hombre perseguido."

Quien así habla es Al Capone. Sí, el mismo que fue Enemigo Público Número Uno, el más siniestro de los jefes de bandas criminales de Chicago. Capone no se culpa de nada. Se considera, en cambio, un benefactor público: un benefactor público incomprendido a quien nadie apreció.

Y lo mismo pensaba Dutch Schultz antes de morir por las balas de otros pistoleros en Newark. Dutch Schultz, uno de los más famosos criminales de Nueva York, aseguró en una entrevista para un diario que él era un benefactor público. Y lo creía.

He tenido interesante correspondencia con Lewis

Lawes, que fue alcaide de la famosa cárcel de Sing Sing, en Nueva York, sobre este tema, y según él, "pocos de los criminales que hay en Sing Sing se consideran hombres malos. Son tan humanos como usted o como yo. Así razonan, así lo explican todo. Pueden narrar las razones por las cuales tuvieron que forzar una caja de hierro o ser rápidos con el gatillo. Casi todos ellos intentan, con alguna serie de razonamientos, falaces o lógicos, justificar sus actos antisociales aun ante sí mismos, y por consiguiente mantienen con firmeza que jamás se les debió apresar".

Si Al Capone, "Dos Pistolas" Crowley, Dutch Schultz, los hombres y mujeres desesperados tras las rejas de una prisión no se culpan por nada, ¿qué diremos de las personas con quienes usted, lector, o yo, entramos en contacto?

John Wanamaker, fundador de las tiendas que llevan su nombre, confesó una vez: "Hace treinta años he aprendido que es una tontería regañar a los demás. Bastante tengo con vencer mis propias limitaciones sin irritarme por el hecho de que Dios no ha creído conveniente distribuir por igual el don de la inteligencia".

Wanamaker aprendió temprano su lección; en cambio, yo he tenido que ir a los tumbos por este mundo durante un tercio de siglo antes de que empezara a amanecer en mí la idea de que noventa y nueve veces de cada cien ningún hombre se critica a sí mismo por nada, por grandes que sean sus errores.

La crítica es inútil porque pone a la otra persona a la defensiva, y por lo común hace que trate de justificarse. La crítica es peligrosa, porque lastima el orgullo, tan precioso de la persona, hiere su sentido de la importancia y despierta su resentimiento.

El mundialmente famoso psicólogo B. F. Skinner comprobó, mediante experimentación con animales, que premiando la buena conducta los animales aprenden más rápido y retienen con más eficacia que castigando la mala conducta. Estudios posteriores probaron lo mismo aplicado a los seres humanos. Por medio de la crítica nunca provocamos cambios duraderos, y con frecuencia creamos resentimiento.

Hans Selye, otro gran psicólogo, dijo: "Tanto como anhelamos la aprobación, tememos la condena".

El resentimiento que engendra la crítica puede desmoralizar empleados, miembros de la familia y amigos, y aun así no corrige la situación que se ha criticado. George B. Johnston, de Enid, Oklahoma, es el coordinador de seguridad de una compañía de construcción. Una de sus responsabilidades es hacer que los empleados usen sus cascos siempre que estén trabajando en una obra. Nos contó que cada vez que se encontraba con un obrero sin su casco, le ordenaba, con mucha autoridad, que cumpliera con las ordenanzas. Como resultado obtenía una obediencia desganada, y con frecuencia, los hombres volvían a quitarse el casco no bien les daba la espalda.

Decidió probar un método diferente, y cuando volvió a encontrar un obrero sin el casco, le preguntó si el casco le resultaba incómodo o no le iba bien. Después le recordó, en tono amistoso, que su misión era protegerlo de heridas, y le sugirió que lo usara siempre que estuviera en la obra. El resultado de esta actitud fue una mayor obediencia a las reglas, sin resentimientos ni tensiones emocionales.

En mil páginas de la historia se encuentran ejemplos de la inutilidad de la crítica. Tomemos, por ejemplo, la famosa disputa entre Theodore Roosevelt y el presidente Taft, una disputa que dividió al Partido Republicano, llevó a Woodrow Wilson a la Casa Blanca, escribió un nuevo capítulo en la Guerra Mundial y alteró la suerte de la historia. Recordemos rápidamente los hechos:

Cuando Theodore Roosevelt abandonó la Casa Blanca en 1908, ayudó a Taft a que se le eligiera como presidente y luego se fue a África a cazar leones. Al regresar, estalló. Censuró a Taft por su política conservadora, trató de ser ungido candidato a una tercera presidencia, formó el Partido del Alce, y estuvo a punto de demoler el Republicano. En la elección que hubo después, William Howard Taft y el Partido Republicano vencieron solamente en dos estados: Vermont y Utah. La derrota más desastrosa jamás conocida por el partido.

Theodore Roosevelt culpó a Taft; pero, ¿se consideró culpable el presidente Taft? Claro que no. Con los ojos llenos de lágrimas, dijo así: "No veo cómo podía haber procedido de otro modo".

¿A quién se ha de echar la culpa? ¿A Roosevelt o a Taft? No lo sé, francamente, ni me importa. Lo que trato de hacer ver es que todas las críticas de Theodore Roosevelt no lograron persuadir a Taft de que se había equivocado. Sólo consiguieron que Taft tratara de justificarse y que reiterase con lágrimas en los ojos: "No veo cómo podía haber procedido de otro modo".

O tomemos el ejemplo del escándalo del Teapot Dome Oil. Fue un asunto que hizo clamar de indignación a los diarios del país durante los primeros años de la década de 1920. Conmovió a la nación entera. Nada parecido había sucedido jamás en la vida pública norteamericana, al menos en la memoria contemporánea. Señalemos los hechos desnudos: Albert Fall, secretario del Interior en el gabinete del presidente Harding, tenía a su cargo ceder en arriendo las reservas petroleras del gobierno en Elk Hill y Teapot Dome, unas reservas que se habían dejado aparte para su empleo futuro por la Armada. El secretario Fall no efectuó una licitación; no, señor. Entregó directamente el contrato, un negocio redondo, jugoso, a su amigo Edward L. Doheny. Y a su vez, Doheny hizo al secretario Fall un "préstamo", según le placía llamar a esta operación, de cien mil dólares. Luego, como la cosa más natural del mundo, el secretario Fall ordenó que las fuerzas de Infantería de Marina que había en la zona alejaran a los competidores cuyos pozos adyacentes absorbían petróleo de las reservas de Elk Hill. Estos competidores, desalojados de sus tierras a punta de bayoneta, corrieron a los tribunales, y destaparon así públicamente el escándalo de Teapot Dome. Tal fue el clamor, que la administración Harding quedó arruinada, la nación entera se sintió asqueada, el Partido Republicano estuvo a punto de verse destruido, y Albert B. Fall purgó su condena tras las rejas de una cárcel.

Fall fue censurado crudamente, censurado como lo han sido pocos hombres públicos. ¿Se arrepintió? ¡Jamás! Años más tarde, Herbert Hoover dio a entender en un discurso público que la muerte del presidente Harding se había debido a la preocupación mental que sentía por la traición de un amigo. Cuando la Sra. Fall oyó esto, saltó de su silla, lloró, mostró los puños a su destino y gritó: "¿Qué? ¿Harding traicionado por Fall? ¡No! Mi marido jamás traicionó a nadie. Todo el oro del mundo no alcanzaría a tentar a mi esposo a cometer un delito. Él fue el traicionado; a él fue a quien crucificaron".

¡Ahí está! La naturaleza humana en acción; el malefactor que culpa a todos menos a sí mismo. Todos somos iguales. De modo que cuando usted o yo nos veamos inclinados, un día cualquiera, a criticar a alguien, recordemos a Al Capone, a "Dos Pistolas" Crowley y a Albert Fall. Comprendamos que las críticas son como palomas mensajeras. Siempre vuelven al nido. Comprendamos que la persona a quien queremos corregir y censurar tratará de justificarse probablemente, y de censurarnos a su vez; o, como el amable Taft, de decir: "No veo cómo podía haber procedido de otro modo".

En la mañana del sábado 15 de abril de 1865, Abraham Lincoln yacía moribundo en el dormitorio de una pobre casa de hospedaje frente al Teatro Ford, donde Booth había atentado contra él. El largo cuerpo de Lincoln estaba tendido en diagonal a través de una vieja cama que era demasiado corta para él. Una mala reproducción del famoso cuadro "La feria de caballos" de Rosa Bonheur pendía sobre la cama, y un mortecino mechero de gas daba escasa luz amarillenta.

Cuando Lincoln agonizaba, el secretario de Guerra, Stanton, dijo: "Aquí yace el más perfecto gobernante que ha conocido jamás el mundo".

¿Cuál era el secreto de los triunfos de Lincoln en su trato con los hombres? Yo he estudiado durante diez años la vida de Abraham Lincoln, y dediqué tres años enteros a escribir y repasar un libro titulado *Lincoln, el desconocido*. Creo haber hecho un estudio tan detallado y minucioso de la personalidad y la vida privada de Lincoln, como es posible que haga un ser humano. Realicé un estudio especial del método de Lincoln para tratar con sus semejantes. ¿Se dedicaba a criticarlos? Sí, pues. Cuando joven, en el Valle Pigeon Creek, de Indiana, no solamente criticaba, sino que escribía cartas y poemas para burlarse de los demás, y los dejaba en los caminos campestres, en la seguridad de que alguien los encontraría. Una de esas cartas despertó resentimientos que duraron toda una generación.

Aun después de empezar a practicar leyes como abogado en Springfield, Illinois, Lincoln atacaba abiertamente a sus rivales, en cartas que publicaban los periódicos. Pero se excedió.

En el otoño de 1842 se burló de un político irlandés, vano y batallador, que se llamaba James Shields. Lincoln lo censuró crudamente en una carta anónima publicada en el *Springfield Journal*. El pueblo entero estalló en carcajadas. Shields, sensitivo y orgulloso, hirvió de indignación. Descubrió quién había escrito la carta, saltó en su caballo, buscó a Lincoln y lo desafió a duelo. Lincoln no quería pelear. Se oponía a los duelos; pero no pudo evitarlo sin menoscabo para su honor. Tuvo la elección de las armas. Como tenía brazos muy largos, escogió sables de caballería, tomó lecciones de esgrima de un militar de West Point y, el día señalado, él y Shields se encontraron en un banco de arena del Mississippi, dispuestos a luchar hasta la muerte. Por fortuna, a último momento intervinieron los padrinos y evitaron el duelo.

Ése fue el incidente personal más significativo en la vida de Lincoln. Resultó para él una lección de valor incalculable en el arte de tratar con los demás. Nunca volvió a escribir una carta insultante. Nunca volvió a burlarse del prójimo. Y desde entonces, casi nunca criticó a los demás.

Una vez tras otra, durante la Guerra Civil, Lincoln puso un nuevo general al frente del Ejército del Potomac, y cada uno a su turno —McClellan, Pope, Burnside, Hooker, Meade— cometió algún trágico error e hizo que Lincoln recorriera su despacho, a grandes pasos, presa de la desesperación. Media nación censuraba acremente a esos generales incompetentes, pero Lincoln, "sin malicia para nadie, con caridad para todos", conservaba la calma. Una de sus máximas favoritas era: "No juzgues si no quieres ser juzgado".

Y cuando la Sra. de Lincoln y otras personas hablaban duramente de la gente del sur de los Estados Unidos, Lincoln respondía: "No los censuréis; son tal como seríamos nosotros en circunstancias similares".

Pero si un hombre ha tenido alguna vez la ocasión de criticar, ese hombre ha sido Lincoln, a buen seguro. Tomemos un ejemplo:

La batalla de Gettysburg se libró en los primeros tres días de julio de 1863. En la noche del 4 de julio, Lee comenzó su retirada hacia el Sur, en tanto que una gran tormenta inundaba de lluvia la tierra. Cuando Lee llegó al Potomac con su ejército en derrota encontró un río hinchado, embravecido, imposible de pasar ante sus tropas, y un ejército unionista victorioso tras ellas. Lee estaba como en una trampa. No podía escapar. Lincoln lo advirtió. Ahí se presentaba la oportunidad como enviada por el cielo: la oportunidad de copar el ejército de Lee y poner término inmediato a la guerra. Así, pues, con un hálito de gran esperanza, Lincoln ordenó a Meade que no convocara un consejo de guerra, que atacara inmediatamente a Lee. Lincoln telegrafió estas órdenes y envió un mensajero especial a Meade para instarlo a la acción instantánea.

¿Qué hizo el general Meade? Exactamente lo contrario de lo que se le decía. Convocó un consejo de guerra, en directa violación de las órdenes de Lincoln. Vaciló. Esperó. Telegrafió todas sus excusas. Se negó rotundamente a atacar a Lee. Por fin bajaron las aguas y Lee escapó a través del Potomac con sus fuerzas.

Lincoln estaba furioso. "¿Qué es esto? —gritó a su hijo Robert—. ¡Gran Dios! ¿Qué es esto? Los teníamos al alcance de los manos, sólo teníamos que estirarlas para que cayeran en nuestro poder; y sin embargo, nada de lo que

dije o hice logró que el ejército avanzara. En esas circunstancias, cualquier general podría haber vencido a Lee. Si
yo hubiera ido, yo mismo lo podría haber derrotado."
Con acerbo desencanto, Lincoln se sentó a escribir esta
carta a Meade. Y recuérdese que en este período de su
vida era sumamente conservador y remiso en su fraseolo-
gía. De modo que esta carta, escrita por Lincoln en 1863,
equivalía al reproche más severo.

Mi querido general:
No creo que comprenda usted la magnitud de la des-
gracia que representa la retirada de Lee. Estaba a nuestro alcance, y su captura hubiera significado, en unión
con nuestros otros triunfos recientes, el fin de la guerra.
Ahora la guerra se prolongará indefinidamente. Si usted no consiguió atacar con fortuna a Lee el lunes último, ¿cómo logrará hacerlo ahora al sur del río, cuando
sólo puede llevar consigo unos pocos hombres, no más
de los dos tercios de la fuerza de que disponía entonces? Sería irrazonable esperar, y yo no lo espero, que
ahora pueda usted lograr mucho. Su mejor oportunidad ha desaparecido, y estoy indeciblemente angustia-
do a causa de ello.

¿Qué habrá hecho Meade al leer esta carta?
Meade no vio jamás esta carta. Lincoln no la despa-
chó. Fue hallada entre los papeles de Lincoln después de
su muerte.
Creo —y esto es sólo una opinión— que después de
escribirla Lincoln miró por la ventana y se dijo: "Un momento. Tal vez no debiera ser tan precipitado. Me es muy
fácil, aquí sentado en la quietud de la Casa Blanca, orde-
nar a Meade que ataque; pero si hubiese estado en
Gettysburg y hubiese visto tanta sangre como ha visto
Meade en la última semana, y si mis oídos hubiesen sido
horadados por los clamores y los gritos de los heridos y
moribundos, quizá no habría tenido tantas ansias de atacar. Si tuviese el tímido temperamento de Meade, quizá
habría hecho lo mismo que él. De todos modos, es agua

que ha pasado bajo el puente. Si envío esta carta, calmaré mis sentimientos, pero hará que Meade trate de justificar sus actos. Haré que me censure a su vez. Despertaré resquemores, disminuiré su utilidad futura como comandante, y lo llevaré acaso a renunciar al ejército".

Y Lincoln dejó a un lado la carta, porque por amarga experiencia había aprendido que las críticas y reproches acerbos son casi siempre inútiles.

Theodore Roosevelt ha dicho que cuando, como presidente, se veía ante algún grave problema, solía reclinarse en su sillón y mirar un gran cuadro de Lincoln que había sobre su escritorio en la Casa Blanca, y preguntarse entonces: "¿Qué haría Lincoln si se viera en mi lugar? ¿Cómo resolvería este problema?".

La próxima vez que sintamos la tentación de reprocharle algo a alguien, saquemos un billete de cinco dólares del bolsillo, miremos el retrato de Lincoln y preguntemos: "¿Cómo resolvería Lincoln este problema si estuviera en mi lugar?".

Mark Twain solía perder la paciencia, y escribía cartas que quemaban el papel. Por ejemplo, una vez le escribió a un hombre que había despertado su ira: "Lo que usted necesita es un permiso de entierro. No tiene más que decirlo, y le conseguiré uno".

En otra ocasión le escribió a un editor sobre los intentos de un corrector de pruebas de "mejorar mi ortografía y puntuación". Ordenó lo siguiente: "Imprima de acuerdo con la copia que le envío, y que el corrector hunda sus sugerencias en las gachas de su cerebro podrido".

Mark Twain se sentía mejor después de escribir estas cartas hirientes. Le permitían descargar presión; y las cartas no hacían daño a nadie porque la esposa del escritor las desviaba secretamente. Nunca eran despachadas.

¿Conoce usted a alguien a quien desearía modificar, regular y mejorar? ¡Bien! Espléndido. Yo estoy en su favor. Pero, ¿por qué no empezar por usted mismo? Desde un punto de vista puramente egoísta, eso es mucho más provechoso que tratar de mejorar a los demás. Sí, y mucho menos peligroso.

"No te quejas de la nieve en el techo del vecino —sentenció Confucio— cuando también cubre el umbral de tu casa."

Cuando yo era aún joven y trataba empeñosamente de impresionar bien a los demás, escribí una estúpida carta a Richard Harding Davis, autor que por entonces se destacaba en el horizonte literario de los Estados Unidos. Estaba preparando yo un artículo sobre escritores, y pedí a Davis que me contara su método de trabajo. Unas semanas antes había recibido, de no sé quién, una carta con esta nota al pie: "Dictada pero no leída". Me impresionó mucho. Pensé que quien escribía debía ser un personaje importante y muy atareado. Yo no lo era; pero deseaba causar gran impresión a Richard Harding Davis, y terminé mi breve nota con las palabras: "Dictada pero no leída".

Él no se preocupó o siquiera por responderme. Me devolvió mi nota con esta frase cruzada al pie: "Su mala educación sólo es superada por su mala educación". Es cierto que yo había cometido un error y quizá mereciera el reproche. Pero, por ser humano, me hirió. Me hirió tanto que diez años más tarde, cuando leí la noticia de la muerte de Richard Harding Davis, la única idea que persistía en mi ánimo —me avergüenza admitirlo— era el reproche que me había hecho.

Si usted o yo queremos despertar mañana un resentimiento que puede perdurar décadas y seguir ardiendo hasta la muerte, no tenemos más que hacer alguna crítica punzante. Con eso basta, por seguros que estemos de que la crítica sea justificada.

Cuando tratamos con la gente debemos recordar que no tratamos con criaturas lógicas. Tratamos con criaturas emotivas, criaturas erizadas de prejuicios e impulsadas por el orgullo y la vanidad.

Las críticas acerbas hicieron que el sensitivo Thomas Hardy, uno de los más notables novelistas que han enriquecido la literatura inglesa, dejara de escribir novelas para siempre. Las críticas llevaron a Thomas Chatterton, el poeta inglés, al suicidio.

Benjamin Franklin, carente de tacto en su juventud, llegó a ser tan diplomático, tan diestro para tratar con la gente, que se lo nombró embajador norteamericano en Francia. ¿El secreto de su éxito? "No hablaré mal de hombre alguno —dijo— y de todos diré todo lo bueno que sepa."

Cualquier tonto puede criticar, censurar y quejarse, y casi todos los tontos lo hacen.

Pero se necesita carácter y dominio de sí mismo para ser comprensivo y capaz de perdonar.

"Un gran hombre —aseguró Carlyle— demuestra su grandeza por la forma en que trata a los pequeños."

Bob Hoover, famoso piloto de pruebas y actor frecuente en espectáculos de aviación, volvía una vez a su casa en Los Ángeles de uno de estos espectáculos que se había realizado en San Diego. Tal como se describió el accidente en la revista *Operaciones de vuelo,* a cien metros de altura los dos motores se apagaron súbitamente. Gracias a su habilidad, Hoover logró aterrizar, pero el avión quedó seriamente dañado, pese a que ninguno de sus ocupantes resultó herido.

Lo primero que hizo Hoover después del aterrizaje de emergencia fue inspeccionar el tanque de combustible. Tal como lo sospechaba, el viejo avión a hélice, reliquia de la Segunda Guerra Mundial, había sido cargado con combustible de jet, en lugar de la gasolina común que consumía.

Al volver al aeropuerto, pidió ver al mecánico que se había ocupado del avión. El joven estaba aterrorizado por su error. Le corrían las lágrimas por las mejillas al ver acercarse a Hoover. Su equivocación había provocado la pérdida de un avión muy costoso, y podría haber causado la pérdida de tres vidas.

Es fácil imaginar la ira de Hoover. Es posible suponer la tormenta verbal que podía provocar semejante descuido en este preciso y soberbio piloto. Pero Hoover no le reprochó nada; ni siquiera lo criticó. En lugar de eso, posó su brazo sobre los hombros del muchacho y le dijo: "Para demostrarle que estoy seguro de que nunca volverá a hacerlo, quiero que mañana se ocupe de mi F-51."

Con frecuencia los padres se sienten tentados de criticar a sus hijos. Quizás el lector espera que yo le diga: "no lo haga". Pero no lo haré. Sólo voy a decirle que *antes* de criticarlos lea uno de los clásicos del periodismo norteamericano: "Papá olvida". Apareció por primera vez como editorial en el diario *People's Home Journal*. Lo volveremos a publicar con permiso del autor, tal como fuera condensado en la revista *Selecciones* del *Reader's Digest*.

"Papá olvida" es una de esas piecitas que —escritas en un momento de sentimiento sincero— da en la cuerda sentimental de tantos lectores que termina siendo un trozo favorito. Desde que apareció por primera vez hace unos quince años, ha sido reproducida, nos dice el autor, W. Livingston Larned, "en centenares de revistas y diarios del país entero; también se la ha publicado infinidad de veces en muchos idiomas extranjeros; he dado permiso para que se la leyera en aulas, iglesias y conferencias; se la ha transmitido muchas veces por radiotelefonía; ha aparecido en revistas y periódicos de colegios y escuelas".

PAPÁ OLVIDA
W. Livingston Larned

Escucha, hijo: voy a decirte esto mientras duermes, una manecita metida bajo la mejilla y los rubios rizos pegados a tu frente humedecida. He entrado solo a tu cuarto. Hace unos minutos, mientras leía mi diario en la biblioteca, sentí una ola de remordimiento que me ahogaba. Culpable, vine junto a tu cama.

Esto es lo que pensaba, hijo: me enojé contigo. Te regañé cuando te vestías para ir a la escuela, porque apenas te mojaste la cara con una toalla. Te regañé porque no te limpiaste los zapatos. Te grité porque dejaste caer algo al suelo.

Durante el desayuno te regañé también. Volcaste las cosas. Tragaste la comida sin cuidado. Pusiste los codos sobre la mesa. Untaste demasiado el pan con mantequilla. Y cuando te ibas a jugar y yo salía a tomar el tren, te volviste y me saludaste con la mano y dijiste: "¡Adiós, papito!" y yo fruncí el entrecejo y te respondí: "¡Ten erguidos los hombros!".

Al caer la tarde todo empezó de nuevo. Al acercarme a casa te vi, de rodillas, jugando en la calle. Tenías agujeros en las medias. Te humillé ante tus amiguitos al hacerte marchar a casa delante de mí. Las medias son caras, y si tuvieras que comprarlas tú, serías más cuidadoso. Pensar, hijo, que un padre diga eso.

¿Recuerdas, más tarde, cuando yo leía en la biblioteca y entraste tímidamente, con una mirada de perseguido? Cuando levanté la vista del diario, impaciente por la interrupción, vacilaste en la puerta. "¿Qué quieres ahora?" te dije bruscamente.

Nada respondiste, pero te lanzaste en tempestuosa carrera y me echaste los brazos al cuello y me besaste, y tus bracitos me apretaron con un cariño que Dios había hecho florecer en tu corazón y que ni aun el descuido ajeno puede agostar. Y luego te fuiste a dormir, con breves pasitos ruidosos por la escalera.

Bien, hijo; poco después fue cuando se me cayó el diario de las manos y entró en mí un terrible temor. ¿Qué estaba haciendo de mí la costumbre? La costumbre de encontrar defectos, de reprender; ésta era mi recompensa a ti por ser un niño. No era que yo no te amara; era que esperaba demasiado de ti. Y medía según la vara de mis años maduros.

Y hay tanto de bueno y de bello y de recto en tu carácter. Ese corazoncito tuyo es grande como el sol que nace entre las colinas. Así lo demostraste con tu espontáneo impulso de correr a besarme esta noche. Nada más que eso importa esta noche, hijo. He llegado hasta tu camita en la oscuridad, y me he arrodillado, lleno de vergüenza.

Es una pobre explicación; sé que no comprenderías estas cosas si te las dijera cuando estás despierto. Pero mañana seré un verdadero papito. Seré tu compañero, y sufriré cuando sufras, y reiré cuando rías. Me morderé la lengua cuando esté por pronunciar palabras impacientes.

No haré más que decirme, como si fuera un ritual: "No es más que un niño, un niño pequeñito".
Temo haberte imaginado hombre. Pero al verte ahora, hijo, acurrucado, fatigado en tu camita, veo que eres un bebé todavía. Ayer estabas en los brazos de tu madre, con la cabeza en su hombro. He pedido demasiado, demasiado.
En lugar de censurar a la gente, tratemos de comprenderla. Tratemos de imaginarnos por qué hacen lo que hacen. Eso es mucho más provechoso y más interesante que la crítica; y de ello surge la simpatía, la tolerancia y la bondad. "Saberlo todo es perdonarlo todo."
Ya dijo el Dr. Johnson: "El mismo Dios, señor, no se propone juzgar al hombre hasta el fin de sus días".
Entonces, ¿por qué hemos de juzgarlo usted o yo?

No critique, no condene ni se queje.

9

EL GRAN SECRETO PARA TRATAR CON LA GENTE

Sólo hay un medio para conseguir que alguien haga algo. ¿Se ha detenido usted alguna vez a meditar en esto? Sí, un solo medio. Y es el de hacer que el prójimo *quiera* hacerlo.

Recuerde que no hay otro medio.

Es claro que usted puede hacer que un hombre quiera entregarle su reloj, poniéndole un revólver en el pecho. Puede hacer también que un empleado le preste su cooperación —hasta que usted vuelva la espalda— si amenaza con despedirlo. Puede hacer que un niño haga lo que usted quiere si empuña un látigo o lo amenaza. Pero estos métodos tan crudos tienen repercusiones muy poco deseables.

La única manera de conseguir que usted haga algo es darle lo que usted quiere.

¿Qué es lo que quiere?

Sigmund Freud decía que todo lo que usted y yo hacemos surge de dos motivos: el impulso sexual y el deseo de ser grande.

John Dewey, uno de los más profundos filósofos de los Estados Unidos, formula la teoría con cierta diferencia. Dice el Dr. Dewey que el impulso más profundo de la naturaleza humana es "el deseo de ser importante". Recuerde esta frase: "el deseo de ser importante". Es muy significativa. La va a ver muy a menudo en este libro.

¿Qué es lo que quiere usted? No muchas cosas, pero las pocas que desea son anheladas con una insistencia que no admite negativas. Casi todos los adultos normales quieren:

1. La salud y la conservación de la vida.
2. Alimento.
3. Sueño.
4. Dinero y las cosas que compra el dinero.
5. Vida en el más allá.
6. Satisfacción sexual.
7. El bienestar de los hijos.
8. Un sentido de propia importancia.

Casi todas estas necesidades se ven complacidas en la vida, todas, en verdad, menos una. Pero hay un anhelo casi tan profundo, casi tan imperioso como el deseo de alimentarse y dormir, y ese anhelo se ve satisfecho muy rara vez. Es lo que llama Freud "el deseo de ser grande". Es lo que llama Dewey "el deseo de ser importante". Lincoln empezó una vez una carta con estas palabras: "A todo el mundo le agrada un elogio". William James dijo: "El principio más profundo del carácter humano es el anhelo de ser apreciado". Véase que no habló del "deseo", sino del anhelo de ser apreciado.

Ahí tenemos una sed humana infalible y persistente; y los pocos individuos que satisfacen honestamente esta sed del corazón podrán tener a los demás en la palma de la mano, y "hasta el sepulturero se apenará cuando mueran".

El deseo de sentirse importante es una de las principales diferencias que distinguen a los hombres de los animales. Demos un ejemplo: Cuando yo era niño, en una granja de Missouri, mi padre criaba cerdos Duroc-Jersey y vacas Hereford de pedigrí. Solíamos exhibir nuestro cerdos y vacas en las ferias de los condados y en las exposiciones de ganadería de todo el Medio Oeste. Obteníamos primeros premios por veintenas. Mi padre fijaba las cintas azules en un trozo de muselina blanca, y cuando llegaban amigos o visitantes a nuestra casa sacaba esa muselina y entre él y yo mostrábamos los premios.

Los cerdos no se interesaban por las cintas que habían ganado. Pero mi padre sí. Estos premios le daban un sentido de importancia.

Si nuestros antepasados no hubiesen sentido este ardiente anhelo de ser importantes, la civilización habría sido imposible. Sin él seríamos iguales que los animales. Este deseo de sentirse importante fue lo que llevó a un pobre empleado de una tienda de comestibles, un mozo sin recursos y sin educación, a estudiar unos libros de derecho que había encontrado en el fondo de un barril que, con otros restos de una casa deshecha, comprara por cincuenta centavos. Quizá haya oído el lector hablar de este mozo. Se llamaba Lincoln.

Este deseo de sentirse importante fue lo que inspiró a Dickens para escribir sus novelas inmortales. Este deseo inspiró a Sir Christopher Wren en el diseño de sus sinfonías de piedra. Este deseo hizo que Rockefeller reuniera millones y millones de dólares que jamás gastó. Y este mismo deseo hace que los hombres más ricos de cada ciudad construyan una casa demasiado amplia para sus necesidades.

Este deseo hace que todos pretendamos vestir de acuerdo con la última moda, conducir el automóvil más reciente y hablar de nuestros hijos tan inteligentes.

Este mismo deseo es lo que lleva a muchos jóvenes a ser pistoleros y bandoleros. "Casi todos los criminales jóvenes —dice E. P. Mulrooney, ex jefe de la Policía de Nueva York— tienen un excesivo egoísmo, y su primer pedido después de ser arrestados es que les lleven esos perniciosos periódicos en que se los pinta como héroes.

La perspectiva de cumplir una condena aparece remota en tanto el criminal puede extasiarse ante una fotografía suya que comparte las páginas con las de famosos deportistas, estrellas del cine y la televisión, y políticos."

Si usted me dice cómo satisface sus deseos de ser importante, le diré qué es usted. Eso es lo que determina su carácter. Es la cosa más significativa que hay en usted. Por ejemplo, John D. Rockefeller satisfacía su deseo de importancia dando dinero para que se levantara un hospital moderno en Pekín, China, a fin de atender a millones de pobres a quienes no había visto jamás ni jamás vería. Dillinger, en cambio, se sentía importante como bandido, asaltante de bancos y asesino. Cuando los agentes federales lo perseguían penetró en una granja de Minnesota y exclamó: "¡Soy Dillinger!" Estaba orgulloso de ser el Enemigo Público Número 1.

Sí, la diferencia significativa que se advierte entre Dillinger y Rockefeller es la forma en que satisfacían sus deseos de ser importantes.

La historia chispea con divertidos ejemplos de personas famosas que lucharon por dar satisfacción a sus deseos de importancia. El mismo George Washington quería ser llamado "Su Poderío, el Presidente de los Estados Unidos"; y Colón reclamaba el título de "Almirante del Océano y Virrey de las Indias". Catalina la Grande se negaba a abrir cartas que no estuvieran dirigidas a "Su Majestad Imperial"; y la Sra. de Lincoln, en la Casa Blanca, se volvió una vez hacia la Sra. de Grant, como una tigresa, y gritó: "¿Cómo se atreve usted a sentarse en mi presencia sin que la haya invitado a hacerlo?".

Nuestros millonarios ayudaron al almirante Byrd a financiar su expedición al Antártico en 1928 con la condición de que caletas y montañas heladas fuesen bautizadas con sus nombres; y Victor Hugo aspiraba a que la ciudad de París, nada menos, fuera rebautizada con su nombre. Hasta Shakespeare, grande entre los grandes, trató de agregar brillo a su nombre procurándose un escudo de nobleza para su familia.

Hay personas que se convierten en inválidos para obtener simpatía y atención y satisfacer así sus deseos de importancia. Por ejemplo, tomemos a la Sra. McKinley. Se sentía importante al obligar a su esposo, el Presidente de los Estados Unidos, a descuidar importantes asuntos de Estado para reclinarse junto a su cama, un brazo en torno a su cuerpo, hasta que la hiciera dormir. Alimentaba su deseo de ser atendida insistiendo en que el presidente permaneciera con ella mientras se hacía arreglar los dientes, y una vez provocó una tormentosa escena cuando McKinley tuvo que dejarla sola con el dentista para acudir a una cita con John Hay, su secretario de Estado. La escritora Mary Roberts Rinehart me contaba una vez el caso de una mujer joven, inteligente, vigorosa, que quedó postrada en cama a fin de satisfacer sus deseos de sentirse importante. "Un día —relata la Sra. Rinehart— esta mujer se vio obligada a afrontar algo, acaso su edad y el hecho de que nunca se casaría. Contempló los años solitarios que tenía por delante, y lo poco que le quedaba por esperar. Se metió en cama, y durante diez años su anciana madre subió y bajó escaleras para cuidarla, alimentarla, atenderla, en su habitación de un tercer piso. Por fin un día la madre, fatigada de tanto quehacer, enfermó y a poco murió. Durante unas semanas languideció la inválida; después se levantó, se vistió y volvió a vivir."

Algunas autoridades declaran que ciertas personas pueden llegar a la demencia a fin de encontrar, en sus sueños, el sentido de importancia que les ha sido negado en el áspero mundo de la realidad. Hay en los hospitales de los Estados Unidos más enfermos mentales que de todas las otras enfermedades juntas.

¿Cuáles son las causas de la demencia?

Nadie puede responder a una pregunta tan general, pero sabemos que ciertas enfermedades, como la sífilis, quebrantan y destruyen las células del cerebro, y producen la demencia como resultado. En rigor de verdad, aproximadamente la mitad de todas las enfermedades mentales puede atribuirse a causas físicas como son las lesiones cerebrales, alcohol, toxinas. Pero la otra mitad —y esto es lo terrible—, la otra mitad de la gente que pierde la cordura no sufre al parecer ninguna lesión en las células cerebrales. En las autopsias, cuando se estudian sus tejidos cerebrales con los más poderosos microscopios, se los encuentra tan sanos como los de un cerebro normal.

¿Por qué enloquecen estas personas?

Yo hice recientemente esta pregunta al médico jefe de uno de nuestros más importantes hospicios. Este médico, que ha recibido los más altos honores y las recompensas más codiciadas por sus conocimientos sobre la demencia, me confió francamente que no sabe por qué enloquece la gente. Nadie lo sabe de seguro. Pero me dijo que muchas personas que enloquecen encuentran en la demencia ese sentido de su importancia que no pudieron obtener en el mundo de la realidad. Después me narró lo siguiente: "Tengo una paciente cuyo casamiento resultó una tragedia. Deseaba amor, satisfacción sexual, hijos y prestigio social; pero la vida destrozó todas sus esperanzas. Su esposo no la amaba. Hasta se negaba a comer con ella, y la obligaba a servirle las comidas en su cuarto, en el primer piso. No tenía hijos ni importancia social. Enloqueció; y, en su imaginación, se divorció y recuperó su nombre de soltera. Ahora cree que se ha casado con un aristócrata inglés, e insiste en que se llama Lady Smith. Y en cuanto a los hijos, se imagina que todas las noches da a luz a uno. Cada vez que la visito me dice: Doctor, anoche tuve un bebé."

La vida hizo naufragar todas las naves de sus sueños en los escollos de la realidad; pero en las islas fantásticas, llenas de sol, de la demencia, todas esas naves llegan ahora a puerto con las velas desplegadas.

¿Tragedia? Pues no lo sé. Su médico me dijo: "Si pudiese estirar una mano y devolverle la cordura, no lo haría. Es mucho más feliz como está".

Si algunas personas tienen tanta sed de importancia que llegan a la demencia, imaginemos los milagros que usted o yo podremos lograr si damos al prójimo una honrada apreciación de su importancia, del otro lado de la demencia.

Una de las primeras personas en el mundo norteamericano de los negocios a la que se le pagó un salario anual de más de un millón de dólares (cuando no había impuestos a los ingresos y una persona que ganaba cincuenta dólares a la semana podía vivir muy bien), fue Charles Schwab. Andrew Carnegie lo había elegido para ser el primer presidente de la recién formada United States Steel Company, en 1921, cuando Schwab tenía sólo treinta y ocho años de edad. (Posteriormente Schwab partió de U. S. Steel para hacerse cargo de la Bethlehem Steel Company, en ese momento cargada de problemas, y la reconstruyó hasta volverla una de las compañías de mejor balance en el país.)

¿Por qué pagaba Andrew Carnegie a Charles Schwab más de un millón de dólares por año, o sea unos tres mil dólares por día? ¿Por qué?

¿Acaso porque Schwab era un genio? No. ¿Porque sabía más que los otros técnicos acerca de la fabricación del acero? Tampoco. Charles Schwab me ha confesado que trabajaban con él muchos hombres que sabían considerablemente más que él acerca de la fabricación del acero.

Schwab aseguraba que se le pagaba ese sueldo sobre todo por su capacidad para tratar con la gente. Le pregunté cómo hacía. Voy a dar su secreto, en sus mismas palabras: palabras que deberían ser grabadas en bronce y fijadas en todos los hogares y escuelas, en todas las tiendas y oficinas del país; palabras que los niños deberían recordar de memoria, en lugar de esforzarse por saber la conjugación de verbos latinos o la cifra de la lluvia anual en el Brasil; palabras que transformarán su vida, lector, y la mía, por poco que las escuchemos:

"Considero —dijo Schwab— que el mayor bien que poseo es mi capacidad para despertar entusiasmo entre los hombres, y que la forma de desarrollar lo mejor que hay en el hombre es por medio del aprecio y el aliento.

"Nada hay que mate tanto las ambiciones de una persona como las críticas de sus superiores. Yo jamás critico a nadie. Creo que se debe dar a una persona un incentivo para que trabaje. Por eso siempre estoy deseoso de ensalzar, pero soy remiso para encontrar defectos. Si algo me gusta, *soy caluroso en mi aprobación y generoso en mis elogios.*"

Esto es lo que hacía Schwab. Pero, ¿qué hace la persona común? Precisamente lo contrario. Si alguna cosa no le gusta, arma un escándalo; si le gusta, no dice nada.

"En mi amplia relación con la vida, en mis encuentros con muchos grandes personajes en diversas partes del mundo —declaró Schwab—, no he encontrado todavía la persona, por grande que fuese o elevadas sus funciones, que no cumpliera mejor trabajo y realizara mayores esfuerzos dentro de un espíritu de aprobación que dentro de un espíritu de crítica."

Ésa fue, agregó francamente, una de las principales razones del notable éxito de Andrew Carnegie. Carnegie elogiaba a sus semejantes en público y en privado.

Carnegie quiso elogiar a sus ayudantes hasta después de muerto. Para su tumba escribió un epitafio que decía: "Aquí yace un hombre que supo cómo rodearse de hombres más hábiles que él".

La apreciación sincera fue uno de los secretos del buen éxito de Rockefeller en su trato con la gente. Por ejemplo, cuando uno de sus socios, Edward T. Bedford, cometió un error e hizo perder a la firma un millón de dólares por una mala compra en América del Sur, John D. pudo haberlo criticado; pero sabía que Bedford había procedido según sus mejores luces, y el incidente quedó en nada. Pero Rockefeller encontró algo que elogiar: felicitó a Bedford porque había podido salvar el sesenta por ciento del dinero invertido. "Espléndido —dijo Rockefeller—. No siempre nos va tan bien en mi despacho."

Tengo entre mis recortes una historia que sé que nunca sucedió, pero la repetiré porque ilustra una verdad.

Según esta fantasía, una mujer granjera, al término de una dura jornada de labor, puso en los platos de los hombres de la casa nada más que heno. Cuando ellos, indignados, le preguntaron si se había vuelto loca, ella replicó:

—¿Y cómo iba a saber que se darían cuenta? Hace veinte años que cocino para ustedes, y en todo ese tiempo nunca me dieron a entender que lo que comían no era heno.

Hace unos años se hizo un estudio sociológico entre esposas que habían abandonado sus hogares, ¿y cuál creen que fue la razón principal que dieron para haber tomado su decisión? "Falta de aprecio." Si se hiciera un estudio similar entre maridos que han huido de sus casas, creo que se llegaría a la misma conclusión. Con frecuencia damos tan por sentada la presencia de nuestro cónyuge, que nunca le manifestamos nuestro aprecio.

Un miembro de una de nuestras clases nos habló de un pedido que le había hecho su esposa. Ella y un grupo de mujeres de su parroquia habían iniciado un programa de automejoramiento. Le pidió a su marido que la ayudara haciéndole una lista de seis cosas que creyera que ella podía hacer para ser una mejor esposa. Nos dijo: "El pedido me sorprendió. Francamente, me habría sido fácil enumerar seis cosas que me habría gustado ver cambiar en ella (y estoy seguro de que ella podría haber hecho una lista de un millar de cosas que querría cambiar en mí), pero no lo hice. Le dije: 'Déjame pensarlo y te daré una respuesta mañana'.

"Al día siguiente me levanté muy temprano y llamé al florista, y le pedí que le mandara seis rosas rojas a mi esposa con una nota diciendo: 'No se me ocurren seis cosas que querría que cambies. Te amo tal como eres'.

"Cuando llegué a casa esa tarde, quién creen que me recibió en la puerta: exacto, mi esposa. Estaba al borde de las lágrimas. No necesito decir que me felicité por no haberla criticado como me lo había pedido.

"El domingo siguiente en la iglesia, después de que ella hubo informado del resultado de su tarea, varias mujeres del grupo se me acercaron y me dijeron: 'Fue el gesto más tierno del que tenga noticias'. Entonces comprendí cuál era el poder del aprecio."

Florenz Ziegfeld, el más espectacular de los empresarios teatrales que ha habido jamás en Broadway, conquistó su reputación gracias a su sutil habilidad para "glorificar a la joven norteamericana". Una vez tras otra elegía a alguna joven en quien nadie se fijaba y la transformaba en el escenario en una resplandeciente visión de misterio y seducción. Como conocía el valor del aprecio y la confianza, hacía que las mujeres *se sintieran* bellas por el solo poder de su galantería y su consideración. Era, además, un hombre práctico: aumentó el sueldo de las coristas desde treinta dólares por semana hasta una cifra que a veces llegaba a ciento setenta y cinco. Y también era caballeresco: en las noches de estreno en el Follies enviaba telegramas a las estrellas del reparto y hermosas rosas a todas las chicas del coro.

Yo sucumbí una vez a la moda del ayuno y pasé seis días y sus noches sin comer. No fue difícil. Tenía menos hambre al fin del sexto día que al fin del segundo. Pero yo y usted conocemos personas que pensarían haber cometido un crimen si dejaran a sus familias o a sus empleados seis días sin comer; pero los dejan estar seis días, y seis semanas, y a veces sesenta años, sin darles jamás una muestra calurosa de esa apreciación que anhelan casi tanto como anhelan el alimento.

Cuando Alfred Lunt, uno de los grandes actores de su época, desempeñó el papel principal en *Reunión de Viena,* declaró: "Nada hay que yo necesite tanto como alimento para mi propia estima".

Alimentamos los cuerpos de nuestros hijos y amigos y empleados; pero muy raras veces alimentamos su propia estima. Les damos carne y papas para que tengan energía; pero descuidamos darles amables palabras de aprecio que cantarían durante años en su recuerdo.

Paul Harvey, en una de sus transmisiones radiales, *El Resto de la Historia,* cuenta cómo una apreciación sincera puede cambiar la vida de una persona. Contó que años atrás un maestro de Detroit le pidió a Stevie Morris que lo ayudara a encontrar un ratoncito que se había escapado en el aula de clases. El maestro apreciaba el hecho de que la naturaleza le había dado a Stevie algo que ningún otro alumno tenía. La naturaleza le había dado a Stevie un notable par de oídos, para compensar la ceguera de sus ojos. Pero ésta fue la primera ocasión en que Stevie sintió que se apreciaba la fineza de su oído. Ahora, años después, dice que ese acto de aprecio fue el comienzo de una nueva vida. Desde aquel entonces desarrolló su don del oído hasta volverse, bajo el nombre artístico de Stevie Wonder, uno de los grandes músicos populares de la década de 1970.*

Algunos lectores están diciendo ahora mismo, al leer estas líneas: " ¡Cosas viejas! ¡Elogios! ¡Adulación! Ya he

* Paul Aurandt, *Paul Harvey's The Rest of the Story* (New York: Doubleday, 1977). Compilado por Lynne Harvey.

hecho la prueba. No da resultado, al menos con personas inteligentes".

Es claro que la adulación no da resultados con la gente que discierne. Es algo hueco, egoísta y poco sincero. Su empleo debe conducir al fracaso, y así ocurre generalmente. Aunque no faltan personas tan hambrientas, tan sedientas de que se les muestre aprecio, que tragan cualquier cosa, así como un hombre hambriento puede comer hierbas y lombrices.

Hasta la Reina Victoria era susceptible a la adulación. El Primer Ministro Benjamin Disraeli confesó que cuando trataba con la Reina empleaba abundantemente esa adulación. Pero Disraeli era uno de los hombres más corteses, diestros y capaces que han gobernado jamás el extenso Imperio Británico. Era un genio. Lo que para él daba resultados quizá no lo dé para usted o para mí. A la larga, la adulación hace más mal que bien. La adulación es falsa y, como el dinero falso, nos pone eventualmente en aprietos si queremos hacerla circular.

La diferencia entre la apreciación y la adulación es muy sencilla. Una es sincera y la otra no. Una procede del corazón; la otra sale de la boca. Una es altruista; la otra egoísta. Una despierta la admiración universal; la otra es universalmente condenada.

Hace poco vi un busto del general Obregón en el palacio de Chapultepec, en México. Bajo el busto están grabadas estas sabias palabras de la filosofía del general Obregón: "No temas a los enemigos que te atacan. Teme a los amigos que te adulan".

¡No! ¡No! ¡No! ¡No recomiendo la adulación! Lejos de ello. Hablo de una nueva forma de vivir. Permítaseme repetirlo. *Hablo de una nueva forma de vivir.*

El Rey Jorge V tenía un juego de seis máximas en las paredes de su estudio en el Palacio de Buckingham. Una de esas máximas rezaba: "Enséñame a no hacer ni recibir elogios baratos". Eso es la adulación: elogio barato. Una vez leí una definición de la adulación que vale la pena reproducir: "Adular es decir a la otra persona lo que se piensa de uno mismo".

"Emplea el lenguaje que quieras —dijo Ralph Waldo Emerson— y nunca podrás expresar sino lo que eres."

Si lo que debiéramos hacer fuera sólo emplear la adulación, el mundo entero aprendería a hacerlo en seguida y todos seríamos peritos en relaciones humanas.

Cuando no estamos dedicados a pensar acerca de algún problema específico, solemos pasar el 95 por ciento de nuestro tiempo pensando en nosotros mismos. Pero si dejamos de pensar en nosotros mismos por un rato y comenzamos a pensar en las buenas cualidades del prójimo, no tendremos que recurrir a la adulación, tan barata y tan falsa que se la conoce apenas sale de los labios.

Una de las virtudes más descuidadas de nuestra existencia cotidiana es la apreciación. De un modo u otro, descuidamos elogiar a nuestro hijo o hija cuando trae una buena nota de la escuela, y rara vez alentamos a nuestros hijos cuando logran hornear una torta o construir una casita para pájaros. Nada les agrada más a los niños que esta especie de interés y aprobación de sus padres.

La próxima vez que usted disfrute de una buena cena en su club, mándele sus felicitaciones al chef, y cuando un vendedor fatigado le muestre una cortesía inusual, no deje de agradecerla.

Todo sacerdote, conferencista u orador público sabe lo descorazonador que resulta entregarse a un público y no recibir de éste ningún comentario apreciativo. Y lo que se aplica a profesionales se aplica doblemente a obreros en oficinas, negocios y talleres, y entre nuestras familias y amigos. En nuestras relaciones interpersonales nunca deberíamos olvidar que todos nuestros interlocutores son seres humanos, y como tales hambrientos de apreciación. Es la ternura legítima que disfrutan todas las almas.

Trate de dejar un rastro de pequeñas chispas de gratitud en sus jornadas. Le sorprenderá ver cómo encienden pequeñas llamas de amistad que vuelven a brillar en su próxima visita.

Pamela Dunham, de New Fairfield, Connecticut, tenía entre las responsabilidades de su empleo la supervisión de un peón de limpieza que estaba haciendo un trabajo muy deficiente. Los otros empleados se burlaban de este joven, y descuidaban especialmente la limpieza de las instalaciones para demostrar qué mal hacía su trabajo. Las cosas habían llegado a un punto en que había empezado a perderse tiempo productivo.

Pamela probó varios modos de motivar a esta persona, sin éxito. Notó que en una ocasión hizo especialmente bien su trabajo. Entonces lo elogió en presencia de otra gente. A partir de ahí el trabajo empezó a mejorar, y muy pronto el joven cumplía eficientemente con sus tareas. Hoy día hace un excelente trabajo, y recibe el aprecio y reconocimiento que merece. La apreciación honesta logró resultados allí donde la crítica y el ridículo habían fallado.

Herir a la gente no sólo no la cambia, sino que es una tarea que nadie nos agradecerá. Hay un viejo dicho que yo he escrito en una hoja y pegado en mi espejo, donde lo veo todos los días:

Pasaré una sola vez por este camino; de modo que cualquier bien que pueda hacer o cualquier cortesía que pueda tener para con cualquier ser humano, que sea ahora. No la dejaré para mañana, ni la olvidaré, porque nunca más volveré a pasar por aquí.

Emerson dijo: "Todo hombre que conozco es superior a mí en algún sentido. En ese sentido, aprendo de él".

Si así sucedía con Emerson, ¿no es probable que lo mismo sea cien veces más cierto en su caso, o en el mío? Dejemos de pensar en nuestras realizaciones y nuestras necesidades. Tratemos de pensar en las buenas cualidades de la otra persona. Olvidemos entonces la adulación. Demos prueba de una apreciación honrada, sincera, de esas cualidades. Seamos "calurosos en la aprobación y generosos en el elogio", y la gente acogerá con cariño nuestras palabras y las atesorará y las repetirá toda una vida, años después de haberlas olvidado nosotros.

Demuestre aprecio honrado y sincero.

10

"QUIEN PUEDE HACER ESTO TIENE AL MUNDO ENTERO CONSIGO; QUIEN NO PUEDE, MARCHA SOLO POR EL CAMINO"

Yo iba a pescar al estado de Maine todos los veranos. Personalmente, me gustan sobremanera las fresas con crema; pero por alguna razón misteriosa los peces prefieren las lombrices. Por eso, como cuando voy de pesca no pienso en lo que me gusta a mí, sino en lo que prefieren los peces, no cebo el anzuelo con fresas y crema. En cambio, balanceo una lombriz o un saltamontes frente al pez y le digo: "¿Te gustaría comer esto?"

¿Por qué no proceder con igual sentido común cuando se pesca a la gente?

Así procedía Lloyd George, Primer Ministro inglés durante la Primera Guerra Mundial. Cuando alguien le preguntó cómo había conseguido continuar en el poder después de que todos los demás jefes de la guerra —Wilson, Orlando, Clemenceau— habían desaparecido en el olvido, respondió que si se podía atribuir su permanencia en la cumbre a alguna cosa, era probablemente al hecho de que había aprendido que era necesario poner en el anzuelo el cebo capaz de satisfacer al pez.

¿Por qué hablar de lo que necesitamos o deseamos? Eso es infantil. Absurdo. Claro está que a usted le interesa lo que necesita o desea. Eso le interesa eternamente. Pero a nadie más le interesa. Los demás son como usted o como yo: les interesa lo que ellos desean o necesitan.

De modo que el único medio de que disponemos para

influir sobre el prójimo es hablar acerca de lo que él quiere, y demostrarle cómo conseguirlo.

Recuerde esa frase mañana, cuando trate de lograr que alguien haga algo. Si, por ejemplo, no quiere que su hijo fume, no le predique, y no hable de lo que usted quiere; muéstrele, en cambio, que los cigarrillos pueden impedirle formar parte del equipo deportivo del colegio, o ganar la carrera de cien metros.

Es bueno recordar esto, ya sea que se trate con niños o con terneros o con monos. Por ejemplo: Ralph Waldo Emerson y su hijo trataron un día de meter un ternero en el establo. Pero cometieron el error común de pensar solamente en lo que querían ellos: Emerson empujaba y su hijo tironeaba. Pero el ternero hacía como ellos: pensaba solamente en lo que quería; atiesó las patas, y se negó empecinadamente a salir del prado. Una criada irlandesa vio la dificultad en que estaban sus amos. No era capaz de escribir ensayos ni libros pero, al menos en esta ocasión, mostró más sentido común que Emerson. Pensó en lo que quería el ternero, puso un dedo maternal en la boca del ternero y lo dejó que chupara y chupara mientras lo conducía lentamente al establo.

Todos los actos que ha realizado usted desde que nació se deben a que quería algo. ¿Y aquella vez que entregó una donación a la Cruz Roja? No es una excepción a la regla. Hizo esa donación a la Cruz Roja porque quería prestar ayuda, porque quería realizar un acto hermoso, altruista, divino. "Por cuanto lo has hecho para uno de los menores de este mi rebaño, lo has hecho para mí."

Si no hubiera querido usted alentar ese sentimiento más de lo que quería guardar el dinero, no habría hecho la contribución. Es claro que puede haberla efectuado porque le avergonzaba negarse o porque un cliente le pidió que la hiciera. Pero lo cierto es que la hizo porque quería algo.

El profesor Henry A. Overstreet, en su ilustrativo libro *Influenciando el comportamiento humano,* dice: "La acción surge de lo que deseamos fundamentalmente... y el mejor consejo que puede darse a los que pretenden ser persuasivos, ya sea en los negocios, en el hogar, en la escuela o en la política es éste: primero, despertar en la otra persona un franco deseo. Quien puede hacerlo tiene al mundo entero consigo. Quien no puede, marcha solo por el camino".

Andrew Carnegie, el pequeñuelo escocés empobrecido que comenzó a trabajar con una paga de dos centavos por hora y finalmente donó trescientos sesenta y cinco millones de dólares, aprendió en sus primeros años que el único medio de influir sobre la gente es hablar acerca de lo que el otro quiere. Fue a la escuela durante cuatro años solamente, y sin embargo aprendió a tratar con los demás.

Para ilustrar: Su cuñada se hallaba preocupadísima por sus dos hijos, que estudiaban en Yale, pues tan ocupados estaban en sus cosas, que no escribían a casa y no prestaban atención a las frenéticas cartas de la madre.

Carnegie ofreció apostar cien dólares a que conseguiría una respuesta a vuelta de correo, sin pedirla siquiera. Alguien aceptó el reto. Carnegie escribió entonces a sus sobrinos una carta chacotona, en la que mencionaba como al pasar, en una posdata, el envío de cinco dólares para cada sobrino. Pero no adjuntó el dinero. A vuelta de correo llegaron respuestas que agradecían al "querido tío Andrew" su atenta carta y... ya sabe usted el resto.

Otro ejemplo de persuasión proviene de Stan Novak, de Cleveland, Ohio, un participante de nuestro curso. Una noche Stan volvió a casa del trabajo y encontró a su hijo menor, Tim, pataleando y gritando en el piso de la sala. Al día siguiente debía empezar el jardín de infantes, y ahora protestaba diciendo que no iría. La reacción normal de Stan habría sido ordenarle al niño que fuera a su cuarto, y recomendarle que se hiciera a la idea de ir de todos modos. No le habría dejado alternativa.

Pero, al reconocer que esto no ayudaría a Tim a iniciar con la mejor disposición su carrera escolar, Stan se detuvo a pensar: "Si yo fuera Tim, ¿qué podría gustarme en el jardín de infantes?" Junto con su esposa, hicieron una lista de todas las cosas divertidas que haría Tim, como pintar con los dedos, cantar canciones, jugar con amigos nuevos, etc. Después pasó a la acción. "Todos empezamos a pintar con los dedos en la mesa de la cocina: mi esposa Lil, mi otro hijo, Bob, y yo mismo, y nos divertimos mucho. Al poco rato asomó Tim a espiar. De inmediato, nos rogó que lo dejáramos participar. 'iOh, no, tienes que ir al jardín de infantes a aprender a pintar con los dedos!' Con todo el entusiasmo que pude reunir seguí adelante con la lista, hablándole en términos que pudiera entender, explicándole todo lo bueno que haría en el jardín de infantes. A la mañana siguiente fui el primero en levantarme. Bajé y encontré a Tim profundamente dormido en el sillón de la sala. '¿Qué estás haciendo aquí?' le pregunté. 'Estoy esperando para ir al jardín de infantes. No quiero llegar tarde.' " El entusiasmo de toda la familia había despertado en Tim la ansiedad por iniciar las clases, mucho más de lo que podría haberlo hecho la más persuasiva de las conversaciones.

Mañana querrá usted persuadir a alguien de que haga algo. Antes de hablar, haga una pausa y pregúntese: "¿Cómo puedo lograr que quiera hacerlo?"

Esa pregunta impedirá que nos lancemos impetuosamente a hablar inútilmente de todos nuestros deseos.

En una época yo arrendaba el gran salón de baile de cierto hotel de Nueva York veinte noches por temporada, a fin de realizar una serie de conferencias.

Al comenzar una temporada se me informó repentinamente que tendría que pagar casi el triple de alquiler. Esta noticia me llegó después de impresas y distribuidas las entradas, y hechos todos los anuncios.

Naturalmente, yo no quería pagar ese aumento, pero ¿de qué me valdría hablar a la gerencia del hotel de lo que yo quería? Sólo les interesaba lo que querían ellos. Un par de días más tarde fui a ver al gerente.

—Quedé algo sorprendido cuando recibí su carta —dije— pero no me quejo. Si hubiera estado en su situación, es probable que habría escrito una carta similar. Su deber, como gerente del hotel, es realizar todos los beneficios posibles. Si no procede así, lo despedirán, como es lógico. Pero consignemos las ventajas y desventajas que resultarán para el hotel si insiste en aumentar el alquiler.

Tomé entonces una hoja de papel, tracé una línea por el medio, y encabecé una columna con la palabra "Ventajas" y la otra con "Desventajas".

Bajo el título de "Ventajas" escribí estas palabras: "Salón de baile libre". Luego dije:

—Tendrán ustedes la ventaja de quedarse con el salón de baile para alquilarlo para bailes y convenciones. Es una gran ventaja, porque esas funciones le rendirán mucho más dinero del que pueden conseguir con una serie de conferencias. Si comprometen el salón por veinte noches en el curso de la temporada, es casi seguro que perderán algunos negocios muy provechosos.

—Ahora —agregué— consideremos las desventajas. Primero, en lugar de aumentar sus ingresos por lo que yo les pagué, verán ustedes que disminuyen. En realidad, los van a perder del todo, porque no puedo pagar el alquiler que me piden. Me veré obligado a efectuar estas conferencias en algún otro local.

"Hay además otra desventaja para ustedes. Estas conferencias atraen multitudes de personas educadas y cultas. Se trata, pues, de una buena propaganda, ¿verdad? Lo cierto es que si gastaran ustedes cinco mil dólares en anuncios periodísticos no conseguirían atraer al hotel tanta gente como la que viene a estas conferencias. Esto vale mucho para el hotel, ¿verdad?"

Mientras hablaba escribí estas dos "desventajas" bajo el título correspondiente, y entregué la hoja de papel al gerente, diciéndole:

—Deseo que estudie cuidadosamente las ventajas y las desventajas que van a resultar para el hotel de esta decisión, y que después me haga conocer su resolución definitiva.

Al día siguiente recibí una carta en que se me informaba que mi alquiler aumentaría sólo el cincuenta por ciento en lugar del trescientos por ciento.

91

Recuérdese que obtuve esta reducción sin decir una palabra de lo que yo quería. No hablé más que de lo que quería el hotel, y cómo podría lograrlo.

Supongamos que yo hubiese procedido en la forma humana, natural; que hubiera entrado violentamente en la oficina del gerente para decirle:

—¿Qué es esto de aumentarme el alquiler en un trescientos por ciento cuando sabe que ya se han impreso y repartido las entradas, y efectuado todos los anuncios? ¡Trescientos por ciento! ¡Absurdo! ¡No lo voy a pagar!

¿Qué habría ocurrido entonces? Sencillamente, que habría comenzado una discusión, y ya se sabe cómo terminan las discusiones. Aunque yo hubiese convencido al gerente de su error, su orgullo habría hecho difícil que cediera.

Veamos uno de los mejores consejos que jamás se han dado en cuanto al arte de las relaciones humanas. "Si hay un secreto del éxito —dijo Henry Ford— reside en la capacidad para apreciar el punto de vista del prójimo y ver las cosas desde ese punto de vista así como del propio."

Tan bueno es el consejo, que quiero repetirlo: "Si hay un secreto del éxito, reside en la capacidad para apreciar el punto de vista del prójimo y ver las cosas desde ese punto de vista así como del propio".

Es tan sencillo, tan evidente, que cualquiera debería apreciar a primera vista la verdad que encierra; sin embargo el noventa por ciento de la gente de la Tierra lo ignora el noventa por ciento de las veces.

¿Un ejemplo? Estudie las cartas que llegan a su escritorio mañana por la mañana y verá que casi todas ellas violan esta norma de sentido común. Veamos esta carta, escrita por el jefe del departamento de radio de una agencia de publicidad que tiene sucursales en todo el continente. Esta carta fue enviada a los gerentes de estaciones locales de radio en todo el país. (He fijado, entre paréntesis, mis reacciones ante cada párrafo.)

Sr. Fulano de Tal
Ciudad de Cual,
Indiana, 46070

Estimado Sr. Fulano:
La compañía Tal desea conservar su posición como prin-
cipal agencia publicitaria en el terreno radiotelefónico.

(¿A quién le interesa lo que desea su compañía? A mí
me preocupan mis problemas. El banco va a ejecutar la
hipoteca sobre mi casa, el jardín está lleno de plagas, el
mercado de valores bajó ayer, perdí el tren de las 8.15 esta
mañana, no me invitaron anoche al baile de los Pérez, el
médico me dijo que tengo mucha presión arterial y neuritis
y caspa. Y bien, ¿qué ocurre? Llego esta mañana a la oficina, preocupado, abro mi correspondencia, y me encuentro
con un señor engreído que desde Nueva York se dedica a
cacarear sobre lo que desea su compañía. ¡Bah! Si se diera
cuenta de la impresión que hace esta carta, abandonaría el
ramo de publicidad y se dedicaría a criar ovejas.)

Los contratos nacionales de publicidad de esta agen-
cia fueron el baluarte de la primera cadena radiotelefó-
nica. En los años sucesivos hemos ocupado en todas
las estaciones más tiempo publicitario que cualquier otra
agencia.

(Son ustedes ricos y poderosos y están en la cima, ¿verdad? ¿Y qué? A mí no me interesa para nada que sean
ustedes tan grandes como la General Motors y la General
Electric y el Estado Mayor del Ejército, todos juntos. Si
usted, señor, tuviera un asomo de sentido común habría
comprendido que a mí me interesa cuán grande soy yo, y
no ustedes. Toda esta charla sobre sus enormes triunfos
me hace sentir pequeño y carente de importancia.)

Deseamos atender a nuestros clientes con la última pa-
labra sobre información relativa a estaciones radiotelefó-
nicas.

(¡Ustedes desean! ¡Ustedes! ¡Borrico! No me interesa lo que desea usted, ni lo que desea el Presidente de los Estados Unidos. Escuche de una vez por todas: me interesa lo que yo deseo, y de eso no ha dicho una sola palabra en toda la carta.)

Se servirá usted, por lo tanto, poner a la Compañía Tal en su lista de preferencia para el enojo de informaciones semanales sobre su estación, todos los detalles que pueden resultar útiles para una agencia de nuestro carácter.

("Lista de preferencia." ¡Qué desfachatez! Me hace sentir insignificante con toda esa referencia a su grandeza, y luego me pide que ponga a la compañía en la lista de preferencia, sin emplear siquiera una cortesía al pedirlo.)

Una pronta contestación de esta carta, con los últimos datos de esa estación, será mutuamente beneficiosa.

(¡Estúpido! Me envía usted una circular barata, una copia mimeografiada que se reparte por el país entero como las hojas del otoño, y tiene la osadía de pedirme, cuando estoy preocupado por la hipoteca y el jardín y mi presión, que me siente a dictar una nota personal en respuesta a su circular mimeografiada, y que la responda pronto. ¿Qué es eso de "pronto"? ¿No sabe usted que yo estoy tan ocupado como usted, o al menos me gusta pensar que lo estoy? Y, ya que estamos en esto, ¿quién le dio derecho a impartirme órdenes?... Dice usted que será mutuamente beneficiosa. Al fin, al fin empieza usted a ver mi punto de vista. Pero, de todos modos, no me explica cómo puede ser beneficioso para mí.)

Su seguro servidor,
J. Zutano
Gerente del Departamento de Radio.

P. D. —*La copia inclusa del 'Diario de Cual' será de interés para usted y quizá quiera transmitirla por su estación.*

(Finalmente, allí a lo último, en una posdata, menciona usted algo que puede ayudarme a resolver uno de mis problemas. ¿Por qué no empezó su carta por allí? Pero es inútil. Un hombre dedicado a publicidad, culpable de perpetrar tantas tonterías como me ha enviado usted, debe de padecer algo en la médula oblongada. Usted no necesita una carta con nuestras últimas novedades. Lo que necesita usted es un litro de yodo en la glándula tiroides.)

Pero si un hombre que dedica su vida a la publicidad, y que se hace pasar por perito en el arte de influir sobre el público para que compre, si un hombre así escribe una carta de este tipo, ¿qué podemos esperar del carnicero o el panadero?

Aquí hay otra carta, escrita por el superintendente de una gran estación ferroviaria de cargas a un estudiante de este curso, Sr. Edward Vermylen. ¿Qué efecto tuvo esta carta en el hombre a quien fue dirigida? Leámosla y después lo diré.

A. Zerega's Sons, Inc.,
  28 Front Street,
  Brooklyn, N. Y. 11201
  Atención: Sr. Edward Vermylen.

Muy señores nuestros:
Las operaciones en nuestra estación receptora de fletes para afuera son dificultosas porque una amplia proporción del movimiento total se nos entrega muy avanzada la tarde. Eso tiene por resultado congestiones, trabajo extraordinario para nuestro personal, retraso de los camiones y, en algunos casos, retraso del despacho de las consignaciones. El 10 de noviembre recibimos de esa compañía un lote de 510 piezas, que llegó aquí a las 16.20.

Solicitamos su cooperación para impedir los efectos indeseables que surgen de la recepción tardía de consignaciones. Nos permitimos solicitar que, en los días en que envíen ustedes un volumen de mercadería como el que se recibió en la fecha mencionada, realicen ustedes un esfuerzo para hacer llegar más temprano el camión o entregarnos parte de la carga por la mañana. Ustedes obtendrían de tal cooperación la ventaja de una descarga más rápida de sus camiones, y la seguridad de que sus consignaciones serían despachadas en el día de su entrega en la estación.

Su seguro servidor,
J... B..., Superintendente.

Después de leer esta carta, el Sr. Vermylen, gerente de ventas de la casa A. Zerega's Sons, Inc., me la envió con el siguiente comentario:

"Esta carta tuvo el efecto contrario del que se deseaba. La carta comienza describiendo las dificultades de la estación, que, en general, no nos interesan. Se pide luego nuestra cooperación, sin pensar en los inconvenientes que eso puede causarnos, y por fin, en el último párrafo, se menciona el hecho de que si cooperamos podemos obtener la descarga más rápida de nuestros camiones, y la seguridad de que nuestros envíos serán despachados en la fecha de su entrega en la estación.

"En otras palabras, lo que más nos interesa es lo mencionado al final, y el efecto total de la carta es el de despertar un espíritu de antagonismo, más que de cooperación."

Veamos si podemos escribir mejor esta carta. No perdamos tiempo hablando de nuestros problemas. Según aconseja Henry Ford, comprendamos el punto de vista de la otra persona y veamos las cosas desde ese punto de vista así como del nuestro. Demos una muestra de la carta revisada. Quizá no sea la mejor pero, ¿no es mejor que el original?

Sr. Edward Vermylen
c/o. A. Zerega's Sons, Inc.,
28 Front Street,
Brooklyn, N. Y. 11201

Estimado Sr. Vermylen:
Su compañía es uno de nuestros buenos clientes desde hace catorce años. Naturalmente, agradecemos sobremanera ese patrocinio y ansiamos darle el servicio veloz y eficiente que merece. Lamentamos decir, sin embargo, que no nos es posible hacerlo cuando sus camiones nos hacen llegar una gran partida de mercadería en las últimas horas de la tarde, como ocurrió el 10 de noviembre. Sucede así porque muchos otros clientes hacen también sus entregas en las últimas horas de la tarde y, naturalmente, esto produce una congestión. Como resultado de ello, sus camiones quedan inevitablemente detenidos en la estación, y a veces hasta se retrasa el envío de las mercancías al interior.

Ésta es una grave dificultad. ¿Cómo se la puede evitar? Haciendo sus entregas en la estación por la mañana cuando les sea posible. Eso facilitará el movimiento de sus camiones, sus envíos obtendrán inmediata atención, y nuestro personal podrá retirarse temprano a gozar una comida con los deliciosos productos que ustedes fabrican.

Cualquiera sea el momento en que lleguen sus envíos, haremos siempre todo lo posible por servirles con rapidez.

Sé que usted está muy ocupado. Sírvase no molestarse en contestar esta nota.

Lo saluda atte.
J... B..., Superintendente.

97

Barbara Anderson, empleada de un banco en Nueva York, deseaba mudarse a Phoenix, Arizona, en busca de mejor clima para la salud delicada de su hijo. Usando los principios que había aprendido en nuestro curso, escribió la siguiente carta a doce bancos de Phoenix:

Estimado señor:
Mis diez años de experiencia bancaria podrían resultar de interés para un banco en crecimiento como el suyo.
En distintos puestos de la operatoria bancaria con la Bankers Trust Company de Nueva York, hasta llegar a mi puesto actual de gerente de área, he adquirido conocimiento de todas las fases del mundo bancario, incluyendo relaciones entre depositantes, créditos, préstamos y administración interna.
En mayo me trasladaré a Phoenix, y estoy segura de que si se me da la oportunidad podré contribuir al crecimiento de su institución. Llegaré a esa ciudad el 3 de abril, y le agradeceré que me permita mostrarle cómo puedo ayudar a su banco a alcanzar sus objetivos.
Sinceramente
Barbara L. Anderson

¿Recibió alguna respuesta a esta carta la señora Anderson? Once de los doce bancos la invitaron a presentarse para una entrevista, y posteriormente tuvo para elegir entre diversas ofertas de empleo. ¿Por qué? Porque la señora Anderson no les comunicó lo que *ella* quería; les escribió exclusivamente sobre cómo podía serles de utilidad a ellos; se concentró en los deseos de los bancos, no en los suyos.

Miles de vendedores recorren hoy las calles, cansados, decepcionados, sin buena paga. ¿Por qué? Porque sólo piensan en lo que ellos quieren. No comprenden que ni usted ni yo queremos comprar nada. Si quisiéramos, saldríamos a comprarlo. Pero a usted y a mí nos interesa siempre resolver nuestros problemas. Y si un vendedor puede demostrarnos que sus servicios o sus productos nos ayudarán a resolver nuestros problemas, no tendrá que esforzarse por vendernos nada. Ya lo compraremos nosotros. Y un cliente desea creer que él es quien compra, no que hay quien le vende.

Sin embargo, muchos hombres se pasan la vida como corredores de venta sin ver las cosas desde el punto de vista del cliente. Por ejemplo, yo viví durante muchos años en Forest Hills, pequeña comunidad de casas particulares en el centro del distrito de Nueva York. Un día, cuando iba de prisa hacia la estación, me encontré casualmente con un vendedor de terrenos que durante muchos años había comprado y vendido propiedades en Long Island. Conocía muy bien Forest Hills, y sabiéndolo le pregunté apresuradamente si mi casa estaba construida con vigas de metal. Me dijo que no lo sabía, y agregó algo que yo sabía ya: que podía averiguarlo telefoneando a la Asociación Forest Hills Gardens. A la mañana siguiente recibí una carta de él. ¿Me daba la información que yo quería? La podía haber conseguido en un minuto, mediante un llamado telefónico. Pero no lo hizo. Me decía otra vez cómo podía averiguarlo yo, y después me pedía que lo dejara encargarse de mi seguro.

No le interesaba ayudarme. Le interesaba ayudarse a sí mismo.

J. Howard Lucas, de Birmingham, Alabama, cuenta cómo manejaron una misma situación dos vendedores de la misma compañía:

"Hace varios años yo estaba en el equipo de administración de una pequeña compañía. Teníamos cerca las oficinas distritales de una gran compañía de seguros. Sus agentes tenían asignados territorios, y nuestra compañía estaba encomendada a dos agentes, a los que llamaré Carl y John.

"Una mañana apareció Carl en nuestra oficina y mencionó, al pasar, que su compañía había introducido un nuevo seguro de vida para ejecutivos, y creía que podría interesarnos, por lo que volvería cuando tuviera más información al respecto.

"El mismo día nos vio John en la calle, cuando volvíamos de almorzar, y gritó:

"—Eh, Lucas, esperen, tengo una gran noticia para ustedes.— Corrió hacia nosotros, y, muy excitado, nos habló de un nuevo seguro de vida que su compañía había puesto en actividad ese mismo día. (Era el mismo que había mencionado Carl al pasar.) Nos había reservado las primeras planillas que habían llegado. Nos hizo un esbozo del sistema y terminó diciendo: —Este seguro es algo tan novedoso, que mañana haré venir a alguien de la oficina central a que lo explique. Mientras tanto, llenemos y firmemos estas planillas, así él tendrá material más sólido para dar sus explicaciones. —Su entusiasmo despertó en nosotros un anhelo ardiente de tener esos seguros, aun cuando carecíamos de los detalles. Cuando los supimos, confirmaron la apreciación inicial de John, quien no sólo nos vendió una póliza a cada uno, sino que posteriormente duplicó la cobertura.

"Carl podría haber hecho esas ventas, pero no hizo ningún esfuerzo por despertar en nosotros el deseo de comprar."

El mundo está lleno de personas egoístas, aprovechadoras. De manera que los pocos individuos que sin egoísmo tratan de servir a los demás tienen enormes ventajas. No hay competencia contra ellos. Owen D. Young dijo: "El hombre que se puede poner en el lugar de los demás, que puede comprender el funcionamiento de la mente ajena, no tiene por qué preocuparse por el futuro".

Si por leer este libro gana usted una sola cosa: una creciente tendencia a pensar siempre según el punto de vista de la otra persona, y ver las cosas desde ese ángulo; si usted consigue tan sólo eso de este libro, bien podrá decir que ha subido un peldaño más en su carrera.

Ver desde el punto de vista de la otra persona, y despertar en esa persona un deseo ferviente de algo, no debe confundirse con manipular a esa persona de modo que haga algo en detrimento de sus propios intereses. Ambos partidos deben salir ganando en la negociación. En las cartas al señor Vermylen, tanto el remitente como el receptor de la correspondencia ganaron al implementarse lo sugerido. Tanto el banco como la señora Anderson ganaron gracias a la carta de ella, porque el banco ganó una empleada valiosa, y la señora Anderson un buen empleo. Y en el ejemplo de la venta del seguro que hizo John al señor Lucas, ambos ganaron con la transacción.

Otro ejemplo en el que ganan todos usando este principio de despertar un interés, viene de Michael E. Whidden, de Warwick, Rhode Island, que es vendedor distrital de la empresa Shell Oil. Mike quería llegar a ser el vendedor número uno de su distrito, pero había una estación de servicio que se retraía en sus servicios. La administraba un hombre anciano, a quien era imposible motivarlo para que aseara y pusiera en condiciones la estación. Estaba en tan mal estado que las ventas declinaban significativamente.

Este administrador no quiso prestar oídos a ninguna de las súplicas de Mike para jerarquizar la estación de servicio. Después de muchas exhortaciones y discusiones privadas, en ninguna de las cuales obtuvo el menor resultado, Mike decidió invitar al anciano a visitar la estación de servicio Shell más nueva del territorio.

El hombre quedó tan impresionado por las instalaciones de la nueva estación, que cuando Mike lo visitó la vez siguiente, la suya estaba limpia, pintada, y las ventas habían vuelto a subir. Esto le permitió a Mike alcanzar su tan ansiado puesto de Número Uno en su distrito. Todas sus súplicas habían fallado, pero al despertar un anhelo en el administrador, al mostrarle una estación de servicio moderna, logró su objetivo y ambos se beneficiaron.

Casi todos los hombres van al colegio y aprenden a leer a Virgilio y a dominar los misterios del cálculo, sin descubrir jamás cómo funciona su mente. Por ejemplo: Yo daba una vez un curso sobre oratoria para los jóvenes graduados en diversos colegios que entraban como empleados de la empresa Carrier Corporation, la organización que refrigera edificios y que instala aire acondicionado en todas partes. Uno de los estudiantes quiso persuadir a los demás de que jugaran al básquetbol, y éste fue, más o menos, su argumento: "Quiero que ustedes vengan a jugar básquetbol. Me gusta jugar, pero las últimas veces que fui al gimnasio no había bastantes muchachos para organizar un partido. Dos o tres nos pusimos a arrojarnos la pelota uno al otro, y quedé con un ojo negro. Deseo que ustedes vengan conmigo mañana por la noche. Quiero jugar al básquetbol".

¿Habló acaso de lo que querían los demás? A nadie le gusta ir a un gimnasio al que nadie va, ¿verdad? Los otros no se interesaban por lo que deseaba este mozo. Y no querían salir con un ojo negro.

¿Pudo haber demostrado que al ir al gimnasio los demás obtendrían algo que querían? Es claro. Más actividad. Mejor apetito. Cerebro más despejado. Diversión.

Repitamos el sabio consejo del profesor Overstreet: *Primero, despertar en la otra persona un franco deseo. Quien puede hacerlo tiene al mundo entero consigo. Quien no puede, marcha solo por el camino.*

Uno de los estudiantes que asistía a mi curso se hallaba preocupado por su hijito. El niño estaba muy flaco y se negaba a comer lo debido. Los padres recurrían al método acostumbrado. Lo regañaban y retaban: "Mamita quiere que comas esto y aquello". "Papito quiere que crezcas y seas un hombre".

Pero el niño no prestaba atención alguna a estas requisitorias. Quien tenga un adarme de sentido común no puede esperar que un niño de tres años reaccione según el punto de vista de un padre que tiene treinta. Pero era eso precisamente lo que esperaba el padre. Resultaba absurdo. Por fin lo comprendió, y se dijo: "¿Qué quiere este niño? ¿Cómo puedo vincular lo que yo quiero con lo que quiere él?"

Era fácil, una vez que se puso a pensar. Su hijito tenía un triciclo en el que le gustaba pedalear por la acera, frente a su casa. Unas casas más lejos vivía un "matón": un niño algo mayor, que le quitaba el triciclo al niñito y empezaba a pedalear. Naturalmente, el niñito corría hasta su madre, que tenía que ir a quitar el triciclo al "matón" y devolverlo a su hijito. Esto ocurría casi todos los días.

¿Qué quería, pues, el niño? No se necesitaba ser Sherlock Holmes para saberlo. Su orgullo, su ira, su deseo de sentirse importante —las emociones más fuertes en su composición mental—, le instaban a la venganza, a dar un buen puñetazo en la nariz al "matón". Y cuando el padre le dijo que algún día podría cerrar los ojos del "matón" a puñetazos, si comía las cosas que la madre le recomendaba, cuando el padre le prometió esto, ya no hubo problema dietético. Aquel niño comía espinacas, coles, cualquier cosa, a fin de poder castigar al "matón" que tantas veces lo había humillado.

Después de resolver este problema, el padre encaró otro: el niño tenía la mala costumbre de empapar la cama. Dormía con su abuela. Por la mañana, la abuela se despertaba, tocaba la sábana y decía:

—Mira, Johny, lo que hiciste anoche.

—No —respondía el niño—; yo no fui. Fuiste tú.

Retos, castigos, intentos de avergonzarlo, reiteración de que la madre no quería que hiciera eso: por ningún medio se conseguía tener seca la cama. Entonces se preguntaron los padres: "¿Cómo podríamos hacer que este niño *quiera* dejar de mojar la cama?"

¿Qué era lo que quería el niño? Primero, quería usar pijama como su papito, y no un camisón como la abuela. La abuela se estaba hartando de los inconvenientes nocturnos, de manera que de muy buen grado ofreció comprar unos pijamas para el niño, siempre que se corrigiera. Segundo, el pequeño quería una cama para él solo... la abuela no se opuso.

La madre lo llevó consigo a una mueblería de Brooklyn, guiñó un ojo a la vendedora y dijo: —Aquí hay un caballerito que desea hacer unas compras.

La vendedora hizo que el niño se sintiera importante:

—Joven, ¿qué cosas desearía ver?

Se irguió el niño en toda su altura, y contestó:

—Quiero comprar una cama para mí solo.

Cuando le mostraron la camita que la madre quería que comprara, la vendedora lo supo por un guiño de la madre, y persuadió al niño de que ésa era la cama que debía comprar.

Al día siguiente fue entregada la cama; y por la noche,

103

cuando el padre volvió a su casa, su hijo corrió a la puerta gritando:

—¡Papito! ¡Papito! Ven arriba a ver mi cama, la que yo compré.

El padre, ante la camita, obedeció la recomendación de Charles Schwab: fue caluroso en su aprobación y generoso en el elogio.

—¿No vas a mojar esta cama, verdad? —preguntó.

—¡Ah, no, no! No voy a mojar esta cama.

El niño cumplió su promesa, porque su orgullo estaba en juego. Era su cama. Él, y sólo él la había comprado. Y ahora usaba pijama como un hombrecito. Quería portarse como un hombre. Y así fue.

Otro padre, K. T. Dutschmann, ingeniero telefónico, no podía conseguir que su hijita, de tres años de edad, comiera lo debido en el desayuno. Los regaños, pedidos, promesas de costumbre fueron inútiles. Los padres se preguntaron entonces: "¿Cómo podemos hacer para que *quiera* comer?"

La niñita gustaba de imitar a su madre, sentirse grande; una mañana la sentaron en una silla y la dejaron que preparara su desayuno. En el momento psicológico, el padre entró en la cocina, donde la niña preparaba su comida, y la pequeña le dijo: "Mira, papito; estoy haciendo el cereal esta mañana".

Comió dos porciones de cereal esa mañana, sin que nadie se lo pidiera, porque estaba interesada personalmente. Había satisfecho su sentido de la importancia; había hallado, en la preparación del desayuno, un camino para expresar su yo.

William Winter señaló una vez que la "expresión del yo es la necesidad dominante en el carácter humano". ¿Por qué no hemos de recurrir a la misma psicología en los negocios? Cuando tenemos una idea brillante, en lugar de hacer que la otra persona piense que es nuestra, ¿por qué no dejarle que prepare esa idea por sí mismo, como preparó el desayuno aquella niñita? Entonces considerará que esa idea es suya; le gustará, y quizá se sirva dos porciones.

Recordemos: "Primero, despertar en el prójimo un franco deseo. Quien puede hacerlo tiene al mundo entero consigo. Quien no puede, marcha solo por el camino".

Despierte en los demás un deseo vehemente.

11

HAGA ESTO Y SERÁ BIENVENIDO
EN TODAS PARTES

¿Por qué hay que leer este libro para saber cómo ganar amigos? ¿Por qué no estudiar la técnica del más grande conquistador de amigos que ha conocido jamás el mundo? ¿Quién es? Tal vez lo encuentre usted mañana por la calle. Cuando esté a cinco metros de él le verá agitar la cola. Si se detiene usted a acariciarlo, saltará como enloquecido para mostrarle lo mucho que lo quiere. Y usted sabe que detrás de esa muestra de afecto no hay motivos ulteriores: no quiere venderle un terreno, ni una póliza de seguro, ni quiere casarse con usted.

¿Se ha detenido usted alguna vez a pensar que el perro es el único animal que no tiene que trabajar para ganarse el sustento? La gallina tiene que poner huevos, la vaca dar leche y el canario cantar. Pero el perro se gana la vida sólo con demostrar su cariño por el dueño.

Cuando yo tenía cinco años, mi padre compró un cachorrito de pelo amarillo por cincuenta centavos. Fue la alegría y la luz de mi niñez. Todas las tardes a las cuatro y media se sentaba frente a mi casa, mirando fijamente al camino con sus hermosos ojos, y tan pronto como oía mi voz o me veía venir agitando mi lata de comida entre los árboles, salía disparando como una bala, corría sin aliento colina arriba para recibirme con brincos de júbilo y ladridos de puro éxtasis.

Tippy fue mi constante compañero durante cinco años. Por fin, una noche trágica —jamás la olvidaré—, murió a tres metros de mi cabeza, alcanzado por un rayo. La muerte de Tippy fue la tragedia de mi niñez. Tippy nunca leyó un libro de psicología. No lo necesitaba.

Sabía, por algún instinto divino, que usted puede ganar más amigos en dos meses interesándose de verdad en los demás, que los que se pueden ganar en dos años cuando se trata de interesar a los demás en uno mismo. Permítaseme repetir la idea. *Se pueden ganar más amigos en dos meses si se interesa uno en los demás, que los que se ganarían en dos años si se hace que los demás se interesen por uno.*

Pero usted y yo conocemos personas que van a los tumbos por la vida porque tratan de forzar a los demás a que se interesen por ellas.

Es claro que eso no rinde resultado. Los demás no se interesan en usted. No se interesan en mí. Se interesan en sí mismas, mañana, tarde y noche.

La Compañía Telefónica de Nueva York realizó un detallado estudio de las conversaciones por teléfono y comprobó cuál es la palabra que se usa con mayor frecuencia en ellas. Sí, ya ha adivinado usted: es el pronombre personal "yo". Fue empleado 3.990 veces en quinientas conversaciones telefónicas. Yo. Yo. Yo. Yo. Yo.

Cuando usted mira la fotografía de un grupo en que está usted, ¿a quién mira primero?

Si nos limitamos a tratar de impresionar a la gente y de hacer que se interese por nosotros, no tendremos jamás amigos verdaderos, sinceros. Los amigos, los amigos leales, no se logran de esa manera.

Napoleón lo intentó, y en su último encuentro con Josefina dijo: "Josefina, he tenido tanta fortuna como cualquiera en este mundo; y sin embargo, en esta hora, eres tú la única persona de la Tierra en quien puedo confiar". Y los historiadores dudan que pudiera confiar aun en ella.

Alfred Adler, el famoso psicólogo vienés, escribió un libro titulado: *Qué debe significar la vida para usted*. En ese libro dice así: "El individuo que no se interesa por sus semejantes es quien tiene las mayores dificultades en la vida y causa las mayores heridas a los demás. De esos individuos surgen todos los fracasos humanos". Es posible leer veintenas de eruditos tomos sobre psicología sin llegar a una declaración más significativa, para usted o para mí. No me agradan las repeticiones, pero esta afirmación de Adler está tan rica de significado que voy a repetirla en bastardilla:

El individuo que no se interesa por sus semejantes es quien tiene las mayores dificultades en la vida y causa las mayores heridas a los demás. De esos individuos surgen todos los fracasos humanos.

Yo seguí cierta vez en la Universidad de Nueva York un curso sobre redacción de cuentos cortos, y durante ese curso el director de una importante revista habló ante nuestra clase. Dijo que era capaz de tomar cualquiera de las docenas de cuentos que cruzaban por su escritorio todos los días y, después de leer unos párrafos, decir si su autor gustaba o no de la gente. "Si el autor gusta de la gente —añadió—, la gente gustará de sus cuentos."

Este director, acostumbrado a tratar con la vida, se detuvo dos veces en el curso de su conferencia sobre la forma de escribir, y pidió excusas por predicarnos un sermón. "Les estoy diciendo —expresó— las mismas cosas que diría un predicador. Pero recuerden que deben tener interés por la gente si quieren atraer interés como cuentistas."

Si así ocurre con los cuentistas, puede tenerse la seguridad de que lo mismo es triplemente cierto en cuanto a las relaciones con la gente.

Yo pasé una noche en el camarín de Howard Thurston la última vez que se presentó en Broadway: Thurston, el decano de los magos; Thurston, el rey de la prestidigitación. Durante cuarenta años viajó por el mundo entero una y otra vez, creando ilusiones, engañando con sus tretas al público, y haciendo que la gente quedara boquiabierta de asombro. Más de sesenta millones de personas pagaron entrada para verlo actuar, y así consiguió ganar casi dos millones de dólares.

En esa ocasión pedí al Sr. Thurston que me confiara el secreto de sus triunfos. Su instrucción no tenía nada que ver con ellos, porque huyó de su casa siendo niño, fue vagabundo por los caminos, viajó en trenes de carga, durmió en pajares, pidió comida de puerta en puerta, y aprendió a leer gracias a los carteles que desde un vagón de carga veía junto al ferrocarril.

¿Tenía extraordinarios conocimientos como prestidigitador? No: me dijo que se han escrito centenares de libros sobre pruebas de magia, y que muchísimas personas saben tanto como él. Pero Thurston tenía dos cosas de que carecían los demás. Primero, la capacidad necesaria para que su personalidad llegara al otro lado de las candilejas. Conocía la naturaleza humana. Todo lo que hacía, cada gesto, cada entonación de la voz, cada elevación de una ceja había sido cuidadosamente ensayado con anterioridad, y sus actos respondían a una perfecta noción del tiempo. Pero, además, Thurston tenía verdadero interés por el público. Me refirió que muchos prestidigitadores miraban al público y decían para sus adentros: "Bien, ya tenemos otro montón de tontos: qué bien los engañaré". Pero el método de Thurston era del todo diferente. Confesóme que cada vez que entraba al escenario se decía: "Estoy agradecido a toda esta gente que ha venido a verme. Son ellos quienes me permiten ganarme la vida en forma tan agradable. Por ellos haré esta noche todo lo mejor que pueda".

Declaró que jamás se acercaba a las candilejas sin decirse primero, una vez tras otra: "Adoro a mi público. Adoro a mi público". ¿Ridículo? ¿Absurdo? Tiene usted derecho a pensar lo que quiera. Yo no hago más que repetir, sin comentarios, una receta utilizada por uno de los magos más famosos de todos los tiempos.

George Dyke, de North Warren, Pensilvania, se vio obligado a retirarse de su negocio de estación de servicio, después de trabajar en él durante treinta años, cuando se construyó una nueva autopista en el sitio que ocupaba su establecimiento. Al poco tiempo, los días ociosos de un jubilado empezaron a aburrirlo, por lo que trató de ocupar el tiempo tocando su viejo violín. Pronto comenzó a viajar por toda su área, asistiendo a conciertos y visitando a consumados violinistas. En su estilo humilde y amistoso, se interesó por conocer el pasado y las ideas de todos los músicos que conocía. Aunque él mismo no era un gran violinista, hizo muchos amigos en el mundo de la música. Asistió a toda clase de eventos musicales, y los aficionados a la música country de todo el este de los Estados Unidos llegaron a conocerlo como "el Tío George, el Rascador de Violín del Condado Kinzua". Cuando conocimos al Tío George, tenía 72 años y disfrutaba de cada minuto de su vida. Gracias a su interés en otras personas, logró crearse una nueva vida en un momento en que la mayoría de la gente considera terminados sus años productivos.

Ese mismo era uno de los secretos de la asombrosa popularidad de Theodore Roosevelt. Hasta sus sirvientes lo adoraban. Su valet James E. Amos escribió acerca de él un libro titulado *Theodore Roosevelt, héroe de su valet*. En ese libro narra Amos este ilustrativo incidente:

Mi mujer preguntó una vez al presidente qué era una codorniz. Jamás había visto una, y el presidente se la describió detalladamente. Algún tiempo después sonó el teléfono de nuestra casita. (Amos y su esposa vivían en una casita alejada del edificio principal, en la finca que Roosevelt tenía en Oyster Bay.) Mi mujer respondió al llamado. Era el Sr. Roosevelt. Dijo que había llamado para decirle que frente a la ventana había una codorniz, y que si mi mujer se asomaba podría verla. Estas cositas eran características de él.

Cada vez que pasaba frente a nuestra casita, aunque no nos viera, le oíamos llamar: " ¡Uhú, Annie!" o " ¡Uhú, James!".

¿Cómo es posible que los empleados no gustaran de un hombre así? ¿Cómo podría dejar de gustar a nadie?

Roosevelt fue a la Casa Blanca un día en que su sucesor, el presidente Taft y su esposa no estaban. Su auténtica simpatía por la gente humilde quedó demostrada por el hecho de que saludó uno por uno a todos los sirvientes de la Casa Blanca, hasta los peones de la cocina.

"Cuando vio a Alice, ayudante de cocina —escribe Archie Butt—, le preguntó si todavía hacía pan de maíz. Alice le respondió que a veces lo hacía para el personal de servicio, pero que nadie lo comía entre los amos.

"—Muestran muy mal gusto —repuso Roosevelt—, y ya se lo diré al presidente cuando lo vea.

"Alice le llevó un trozo de pan de maíz, y Roosevelt fue hasta el despacho principal comiendo y saludando a jardineros y criados al pasar...

"Hablaba con cada uno como lo había hecho en el pasado. Ike Hoover, que había sido ujier en la Casa Blanca durante cuarenta años, me dijo con los ojos llenos de lágrimas:

"—Es el único día feliz que hemos tenido en casi dos años, y ninguno de nosotros lo cambiaría por un billete de cien dólares."

El mismo interés por la gente al parecer sin importancia, ayudó al representante de ventas Edward M. Sykes, hijo, de Chatham, Nueva Jersey, a conservar una cuenta.

"Hace muchos años —nos dijo—, visité a clientes de la empresa Johnson y Johnson en el área de Massachusetts. Una cuenta era la de una farmacia en Hingham. Cada vez que iba a este negocio, siempre hablaba con el empleado de refrescos y el del mostrador unos minutos, antes de hablar con el dueño para recibir la orden. Un día el dueño me dijo que no tenía interés en comprar productos de Johnson y Johnson porque consideraba que esta firma estaba concentrando sus actividades en los supermercados, en detrimento de las farmacias chicas como la suya. Salí muy decaído y di vueltas por el pueblo varias horas. Al fin decidí volver a la farmacia y tratar de explicarle nuestra posición al dueño.

"Cuando volví a entrar, como siempre saludé a los empleados. Al verme el dueño, me sonrió y me dio la bienvenida. Me dio una orden de compras que superaba las suyas habituales. Lo miré, sorprendido, y le pregunté qué había sucedido para hacerle cambiar de opinión, desde mi visita anterior apenas unas horas antes. Me señaló al muchacho que atendía el mostrador de refrescos y dijo que cuando yo había salido antes, este joven había venido a decirle que yo era uno de los pocos vendedores que venían a la farmacia que se molestaba en saludarlo, a él y a los otros empleados. Le dijo al dueño que si había un vendedor que se merecía hacer buenos negocios, era yo. El dueño estuvo de acuerdo, y siguió siendo un buen cliente. Nunca olvidé que un genuino interés en la otra persona es la cualidad más importante que pueda tener un vendedor, o, en realidad, cualquier persona."

Por experiencia personal he descubierto que se puede lograr la atención y la cooperación hasta de las personas más ocupadas de los Estados Unidos, si uno se interesa debidamente en ellas. Un ejemplo:

Hace años yo dirigía un curso de literatura en el Instituto de Artes y Ciencias de Brooklyn, y quisimos que escritores tan importantes y ocupados como Kathleen Norris, Fanny Hurst, Ida Tarbell, Albert Payson Terhune y Rupert Hughes fueran al Instituto y nos hicieran conocer sus experiencias. Les escribimos, pues, diciendo que admirábamos sus obras y que nos interesaba profundamente obtener sus consejos y conocer los secretos de sus triunfos.

Cada una de estas cartas estaba firmada por unos ciento cincuenta estudiantes. Decíamos comprender que los destinatarios estaban ocupados, demasiado ocupados para preparar una conferencia. Por ese motivo acompañábamos una lista de preguntas para que las respondieran con referencias acerca de ellos y de sus métodos de trabajo. A todos les gustó la carta. Aquellos escritores famosos dejaron sus tareas y fueron hasta Brooklyn a ayudarnos.

Con el mismo método persuadí a Leslie M. Shaw, secretario del Tesoro en el gabinete de Theodore Roosevelt, a George W. Wickersham, procurador general en el gabinete de Taft, a William Jennings Bryan, a Franklin D. Roosevelt y a muchos otros hombres prominentes de que acudieran a hablar ante los estudiantes de uno de mis cursos de oratoria.

Todos nosotros, seamos obreros en una fábrica, empleados en una oficina, o incluso reyes, gustamos de la gente que nos admira. Recordemos al kaiser Guillermo II, por ejemplo. Al terminar la guerra mundial era quizás el hombre más universal y brutalmente despreciado de la Tierra. Hasta su misma nación se volvió contra él cuando huyó a Holanda para salvar la cabeza. Era tan intenso el odio contra él, que millones de personas habrían querido despedazarlo o quemarlo en la hoguera. En medio de esta furia general, un niño escribió al Kaiser una carta sencilla y sincera, que mostraba gran bondad y admiración. Este niño decía que, cualquiera fuese la idea de los demás, él siempre amaría a su Emperador Guillermo. El Kaiser se sintió conmovido e invitó al niño a que fuera a visitarlo. Así lo hizo el pequeño, acompañado de su madre, y con ella contrajo enlace el Kaiser. Aquel niño no necesitaba leer un libro como éste. Ya sabía instintivamente cómo hacerlo.

Si queremos obtener amigos, dediquémonos a hacer cosas para los demás, cosas que requieren tiempo, energía, altruismo. Cuando el Duque de Windsor era Príncipe de Gales tuvo que hacer una gira por la América del Sur y antes de emprenderla pasó varios meses estudiando español, para poder hablar en el idioma de los países que visitaba; y los habitantes de América del Sur lo tuvieron en gran estima por eso.

Durante años me he preocupado por conocer los cumpleaños de mis amigos. ¿Cómo? Aunque no tengo el menor asomo de fe en la astrología, empiezo por preguntar a un amigo si cree que la fecha de nacimiento tiene algo que ver con el carácter y la disposición de cada uno. Luego le pido que me diga el día y el mes de su nacimiento. Si me dice 24 de noviembre, por ejemplo, no hago más que repetir para mis adentros "24 de noviembre, 24 de noviembre". En cuanto mi amigo vuelve la espalda escribo su nombre y su cumpleaños, y después, en casa, paso el dato a un libro especial. Al comienzo de cada año escribo estas fechas y nombres en las hojas de mi calendario, de modo que les presto atención automáticamente. Cuando llega el día, envío una carta o telegrama. ¡Qué buena impresión causa! A veces soy la única persona del mundo que ha recordado un cumpleaños de ésos.

Si queremos hacer amigos, saludemos a los demás con animación y entusiasmo. Cuando llama alguien por teléfono, empleemos la misma psicología. Digamos: "Hola" con un tono que revele cuán complacidos estamos por escuchar a quien llama. Muchas compañías dan instrucciones a sus operadores telefónicos de saludar a todos los llamados en un tono de voz que irradie interés y entusiasmo. El que llama siente así que la compañía se interesa en él. Recordémoslo cuando respondamos mañana al teléfono.

Mostrar un interés genuino en los demás no sólo le reportará amigos, sino que también puede crear lealtad a la compañía por parte de los clientes. En un número de la publicación del National Bank of North America de Nueva York se publicó la siguiente carta de Madelaine Rosedale, una depositante*:

"Quiero que sepan cuánto aprecio a su personal. Todos son tan corteses, tan amables y serviciales. Es un placer que, después de hacer una larga cola, el cajero la salude a una con una sonrisa.

"El año pasado mi madre estuvo hospitalizada durante cinco meses. Cada vez que visité el banco, Marie Petrucello, una cajera, se interesó por la salud de mi madre, y se alegró de su recuperación."

¿Puede haber alguna duda de que la señora Rosedale seguirá usando los servicios de este banco?

Charles R. Walters, empleado en uno de los grandes bancos de Nueva York, fue encargado de preparar un informe confidencial sobre cierta empresa. Sólo sabía de un hombre dueño de los hechos que necesitaba con tanta urgencia. El Sr. Walters fue a ver a ese hombre, presidente de una gran empresa industrial. Cuando el Sr. Walters era acompañado al despacho del presidente, una secretaria asomó la cabeza por una puerta y dijo al presidente que no podía darle ese día ningún sello de correos.

---

* *Eagle,* publicación del National Bank of North America, New York, March 31, 1978.

114

—Colecciono estampillas para mi hijo, que tiene doce años —explicó el presidente al Sr. Walters.

El Sr. Walters expuso su misión y comenzó a hacer preguntas. El presidente se mostró vago, general, nebuloso. No quería hablar, y aparentemente nada podía persuadirle de que hablara. La entrevista fue muy breve e inútil.

"Francamente, no sabía qué hacer —dijo el Sr. Walters al relatar este episodio ante nuestra clase—. Pero entonces recordé a la secretaria, las estampillas, y el hijo... Y también recordé que el departamento extranjero de nuestro banco coleccionaba estampillas llegadas con las cartas que se reciben de todos los países del mundo.

"A la tarde siguiente visité a este hombre y le hice decir que llevaba algunas estampillas para su hijo. ¿Me recibió con entusiasmo? Pues, señor, no me habría estrechado la mano con más fruición si hubiese sido candidato a legislador. Era todo sonrisas y buena voluntad.

"—A mi George le encantará ésta —decía mientras examinaba las estampillas—. ¡Y mire ésta! Ésta es un tesoro.

"Pasamos media hora hablando de estampillas y mirando retratos de su hijo, y después dedicó más de una hora de su valioso tiempo a darme todos los informes que yo quería, y sin que tuviese yo que pedírselo siquiera. Me confió todo lo que sabía, y después llamó a sus empleados y los interrogó en mi presencia. Telefoneó a algunos de sus socios. Me abrumó con hechos, cifras, informes y correspondencia. Como dirían los periodistas, tenía yo una primicia."

Veamos otro ejemplo:

C. M. Knaphle Jr., de Filadelfia, había tratado durante años de vender combustible a una gran cadena de tiendas. Pero la compañía seguía comprando el combustible a un comerciante lejano, y lo hacía pasar, en tránsito, frente a la oficina del Sr. Knaphle. Éste pronunció una noche ante una de mis clases un discurso en el que volcó toda su ira contra las cadenas de tiendas, a las que calificó de maldición del país.

Y todavía se preguntaba por qué no podía vender su carbón.

Le sugerí que intentara otra táctica. En resumen, lo que sucedió fue esto. Organizamos entre los miembros del curso un debate sobre: "Está decidido que la propagación de las cadenas de tiendas hace al país más mal que bien".

Por indicación mía, Knaphle asumió el bando negativo: convino en defender a las cadenas de tiendas, y fue a ver directamente a un director de la misma organización que él despreciara.

—No he venido —le dijo— a tratar de venderle combustible. He venido a pedirle un favor. —Le informó luego sobre el debate y agregó:— He venido a pedirle ayuda porque no conozco otra persona que sea tan capaz de hacerme conocer los hechos que quiero. Deseo ganar este debate, y le agradeceré sobremanera que me ayude.

Oigamos el resto del episodio en las propias palabras del Sr. Knaphle:

"Había pedido a este hombre exactamente un minuto de tiempo. Con esa condición consintió en verme. Después de exponer yo mi situación, me invitó a sentarme y me habló durante una hora y cuarenta y siete minutos. Llamó a otro director que había escrito un libro sobre el tema. Escribió a la Asociación Nacional de Cadenas de Tiendas y me consiguió un ejemplar de un folleto. Este hombre entiende que las cadenas de tiendas prestan un verdadero servicio a la humanidad. Está orgulloso de lo que hace en centenares de comunidades. Le brillaban los ojos al hablar; y he de confesar que me abrió los ojos sobre cosas que yo jamás había soñado. Cambió toda mi actitud mental.

"Cuando me marchaba, fue conmigo hasta la puerta, me puso un brazo alrededor de los hombros, me deseó felicidad en el debate, y me pidió que fuera a verlo otra vez para hacerle saber cómo me había ido. Las últimas palabras que me dirigió fueron:

"—Haga el favor de verme dentro de unos días. Me gustaría hacerle un pedido de combustible.

"Para mí, aquello era casi un milagro. Ofrecía comprarme el combustible sin haberlo mencionado yo siquiera. Conseguí más en dos horas, interesándome honradamente en él y en sus problemas, que en muchos años de bregar por que se interesara en mí y en mi producto."

No ha descubierto usted, Sr. Knaphle, una verdad nueva, porque hace mucho tiempo, cien años antes de que naciera Jesucristo, un famoso poeta romano, Publilio Siro, señaló: "Nos interesan los demás cuando se interesan por nosotros".

El interés, lo mismo que todo lo demás en las relaciones humanas, debe ser sincero. Debe dar dividendos no sólo a la persona que muestra el interés, sino también a la que recibe la atención. Es una vía de dos manos: las dos partes se beneficien.

Martin Ginsberg, que siguió nuestro curso en Long Island, Nueva York, nos contó cómo el interés especial que había tomado una enfermera en él había afectado profundamente su vida.

"Era el Día de Acción de Gracias, y yo tenía diez años. Estaba en una sala de beneficencia de un hospital, y al día siguiente se me haría una importante operación de ortopedia. Sabía que lo único que me esperaba eran meses de confinamiento, convalecencia y dolor. Mi padre había muerto; mi madre y yo vivíamos solos en un pequeño departamento y dependíamos de la asistencia social. Mi madre no podía visitarme ese día porque no era día de visitas en el hospital.

"A medida que transcurría el día, me abrumaba cada vez más el sentimiento de soledad, desesperación y miedo. Sabía que mi madre estaba sola en casa preocupándose por mí, sin compañía alguna, sin nadie con quien cenar y sin el dinero siquiera para permitirse una cena de Día de Acción de Gracias.

"Me subían las lágrimas, y terminé metiendo la cabeza bajo la almohada y tapándome todo con las frazadas. Lloré en silencio, pero con tanta amargura que me dolía el cuerpo entero.

"Una joven estudiante de enfermería oyó mis sollozos y vino hacia mi cama. Me hizo asomar la cabeza y comenzó a secarme las lágrimas. Me contó lo sola que estaba, pues debía trabajar todo el día y no podía pasarlo con su familia. Me preguntó si quería cenar con ella. Trajo dos bandejas de comida: pavo, puré de papas, salsa de fresas y helado de crema de postre. Me habló y trató de calmar mis temores. Aun cuando su hora de salida eran las cuatro de la tarde, se quedó conmigo hasta casi las once de la noche. Jugó a varios juegos conmigo, y no se marchó hasta que me quedé dormido.

"Desde entonces, han pasado muchos días de Acción de Gracias, pero nunca paso uno sin recordar aquél, y mis sentimientos de frustración, miedo, soledad y la calidez y ternura de la desconocida que me lo hizo soportable."

Si usted quiere gustar a los otros, si quiere tener amigos de verdad, si quiere ayudar a los otros, al mismo tiempo que se ayuda a usted mismo, no olvide esto:

Interésese sinceramente por los demás.

12

CÓMO HACERSE AGRADABLE ANTE LAS PERSONAS INSTANTÁNEAMENTE

Estaba yo en una cola esperando registrar una carta en la oficina de correos de la calle 33 y la Octava Avenida, en Nueva York. Noté que el empleado de la ventanilla se hallaba aburrido de su tarea: pesar sobres, entregar los sellos, dar el cambio, escribir los recibos, la misma faena, monótonamente, año tras año. Me dije, pues: "Voy a tratar de agradar a este hombre. Evidentemente, para conseguirlo, debo decir algo agradable, no de mí, sino de él. ¿Qué hay en él que se pueda admirar honradamente?" A veces es difícil responder a esto, especialmente cuando se trata de extraños; pero en este caso me resultó fácil. Instantáneamente vi algo que no pude menos que admirar sobremanera.

Mientras el empleado pesaba mi sobre, exclamé con entusiasmo:

—¡Cuánto me gustaría tener el cabello como usted!

Alzó la mirada, sorprendido, pero con una gran sonrisa.

—Sí. Pero ahora no lo tengo tan bien como antes —contestó modestamente.

Le aseguré que si bien podía haber perdido algo de su gloria prístina, era de todos modos un cabello magnífico. Quedó inmensamente complacido. Conversamos agradablemente un rato, y su última frase fue:

—Mucha gente ha admirado mi cabello.

Apuesto a que aquel hombre fue a almorzar encantado de la vida. Apuesto a que fue a su casa y contó el episodio a su esposa. Apuesto a que se miró en un espejo y se dijo: "Es un cabello muy hermoso".

Una vez relaté este episodio en público, y un hombre me preguntó:

—¿Qué quería usted de aquel empleado?

¡Qué quería yo de él! Si somos tan despreciables, por egoístas, que no podemos irradiar algo de felicidad y rendir un elogio honrado, sin tratar de obtener algo en cambio; si nuestras almas son de tal pequeñez, iremos al fracaso, a un fracaso merecido.

Pero es cierto. Yo quería algo de aquel empleado. Quería algo inapreciable. Y lo obtuve. Obtuve la sensación de haber hecho algo por él, sin que él pudiera hacer nada en pago. Ésa es una sensación que resplandece en el recuerdo mucho tiempo después de transcurrido el incidente.

Hay una ley de suma importancia en la conducta humana. Si obedecemos esa ley, casi nunca nos veremos en aprietos. Si la obedecemos, obtendremos incontables amigos y constante felicidad. Pero en cuanto quebrantemos esa ley nos veremos en interminables dificultades. La ley es ésta: *Trate siempre de que la otra persona se sienta importante*. El profesor John Dewey, como ya lo hemos señalado, dice que el deseo de ser importante es el impulso más profundo que anima al carácter humano; y el profesor William James: "El principio más profundo en el carácter humano es el anhelo de ser apreciado". Como ya lo he señalado, ese impulso es lo que nos diferencia de los animales. Es el impulso que ha dado origen a la civilización misma.

Los filósofos vienen haciendo conjeturas acerca de las reglas de las relaciones humanas desde hace miles de años, y de todas esas conjeturas ha surgido solamente un precepto importante. No es nuevo. Es tan viejo como la historia. Zoroastro lo enseñó a sus discípulos en el culto del fuego, en Persia, hace tres mil años. Confucio lo predicó en China hace veinticuatro siglos. Lao-Tse, el fundador del taoísmo, lo inculcó a sus discípulos en el valle del Han. Buda lo predicó en las orillas del Ganges quinientos años antes. Jesús lo enseñó entre las pétreas montañas de Judea hace diecinueve siglos. Jesús lo resumió en un pensamiento que es probablemente la regla más importante del mundo: "Haz al prójimo lo que quieras que el prójimo te haga a ti".

Usted quiere la aprobación de todos aquellos con quienes entra en contacto. Quiere que se reconozcan sus méritos. Quiere tener la sensación de su importancia en su pequeño mundo. No quiere escuchar adulaciones baratas, sin sinceridad, pero anhela una sincera apreciación. Quiere que sus amigos y allegados sean, como dijo Charles Schwab, "calurosos en su aprobación y generosos en su elogio". Todos nosotros lo deseamos.

Obedezcamos, pues, la Regla de Oro, y demos a los otros lo que queremos que ellos nos den.

¿Cuándo? ¿Dónde? ¿Cómo? La respuesta es: siempre, en todas partes.

David G. Smith, de Eau Claire, Wisconsin, contó en una de nuestras clases cómo manejó una situación delicada cuando le pidieron que se hiciera cargo del puesto de refrescos en un concierto de caridad.

"La noche del concierto llegué al parque y descubrí que me esperaban dos damas mayores, bastante malhumoradas, junto al puesto de refrescos. Al parecer, ambas creían estar a cargo del proyecto. Mientras yo estaba indeciso, preguntándome qué hacer, se me acercó uno de los miembros del comité organizador y me entregó una caja con cambio, al tiempo que me agradecía haber aceptado dirigir el puesto. A continuación me presentó a Rose y a Jane, que serían mis ayudantes, y se marchó.

"Siguió un largo silencio. Al comprender que esa caja con el cambio para las ventas era un símbolo de autoridad, se la di a Rose diciéndole que yo no podría ocuparme de la parte monetaria, pues no sabía hacerlo, y me sentiría mejor si ella se hacía cargo. De inmediato le sugerí a Jane que se ocupara de dar órdenes a las dos jovencitas que nos habían asignado para atender al público; le pedí que les enseñara a servir y la dejé a cargo de esa parte del asunto.

"Pasamos una velada perfecta, con Rose muy feliz contando el dinero, Jane supervisando a las muchachas, y yo disfrutando del concierto."

No es preciso esperar a que nos elijan embajador en Francia o presidente de la sociedad a la que pertenecemos, para emplear esta filosofía del aprecio de los demás. Casi todos los días se pueden obtener resultados mágicos con ella.

Si, por ejemplo, la camarera nos trae puré de papas cuando hemos pedido papas fritas a la francesa, digámosle: "Siento tener que molestarla, pero prefiero las papas a la francesa". Ella responderá: "No es molestia", y se complacerá en satisfacernos, porque hemos demostrado respeto por ella.

Frases insignificantes, como "Lamento molestarlo", "Tendría usted la bondad de...", "Quiere hacer el favor de...", "Tendría usted la gentileza", o "Gracias"; pequeñas cortesías como éstas sirven para aceitar las ruedas del monótono mecanismo de la vida diaria y, de paso, son la seña de la buena educación.

Busquemos otro ejemplo. Las novelas de Hall Caine fueron grandes best-sellers en las primeras décadas del siglo. Millones de personas las han leído. Era hijo de un herrero. No fue a la escuela más que ocho años, y sin embargo cuando murió era el literato más rico de su época.

Su historia es así: Hall Caine tenía predilección por los sonetos y baladas, y devoraba toda la poesía de Dante Gabriel Rossetti. Hasta escribió un artículo en que formulaba el elogio de las realizaciones artísticas del poeta, y envió una copia al mismo Rossetti. Rossetti quedó encantado, y lo probable es que se dijera: "Un joven que tiene tan elevada opinión de mis condiciones debe de ser un joven brillante". Rossetti invitó, pues, al hijo del herrero a que fuese a Londres y trabajara como secretario suyo. Fue aquel el vuelco mayor en la vida de Hall Caine; porque, en su nuevo cargo, conoció a los artistas literarios del momento. Siguiendo sus consejos e inspirado por sus recomendaciones, se lanzó a una carrera que hizo lucir su nombre en el cielo de la literatura.

Su hogar, Greeba Castle, en la Isla del Hombre, llegó a ser la Meca de los turistas de todo el mundo; y cuando murió dejó una herencia de muchos millones de dólares.

Pero quizás habría muerto pobre y desconocido si no hubiese expresado su admiración por un hombre famoso. Tal es el poder, el poder estupendo, de la apreciación sincera.

Rossetti se consideraba importante. Y esto no es extraño, pues casi todos nos consideramos importantes, muy importantes.

Para que la vida de una persona cambie totalmente, puede bastar que alguien la haga sentir importante. Ronald J. Rowland, que es uno de los instructores de nuestro curso en California, es también maestro de artes y oficios. Nos escribió sobre un estudiante de su clase introductora de artesanías, llamado Chris.

"Chris era un chico muy callado y muy tímido, desprovisto de toda confianza en sí mismo; la clase de estudiante que suele no recibir la atención que merece. Yo doy también una clase avanzada que se ha transformado en una especie de símbolo de status, pues es un privilegio muy especial que un estudiante se gane el derecho de asistir a ella.

"Un miércoles, Chris estaba trabajando con mucho empeño en su mesa. Yo sentía, auténticamente, que dentro de él ardía un fuego oculto. Le pregunté si no le gustaría asistir a la clase avanzada. Cómo me gustaría que hubieran visto la cara de Chris en ese momento, las emociones que embargaban a ese tímido muchachito de catorce años, cómo trataba de contener las lágrimas.

"—¿En serio, señor Rowland? ¿Haré un buen papel?

"—Sí, Chris, eres muy bueno.

"En ese momento tuve que alejarme, porque sentía lágrimas en mis propios ojos. Cuando Chris salió de la clase ese día, parecía diez centímetros más alto; me miró con ojos brillantes y me dijo, con voz firme:

"—Gracias, señor Rowland.

"Chris me enseñó una lección que no olvidaré nunca: que en todos nosotros existe un deseo profundo de sentirnos importantes. Para ayudarme a no olvidarlo nunca, hice un cartel que dice: ERES IMPORTANTE. Tengo este cartel colgado en el aula, donde todos lo vean, para recordarme a mí mismo que cada uno de los estudiantes que tengo enfrente es igualmente importante."

La verdad sin ambages es que casi todos los hombres con quienes tropieza usted se sienten superiores a usted en algún sentido; y un camino seguro para llegarles al corazón es hacerles comprender, de algún modo muy sutil, que usted reconoce su importancia, y la reconoce sinceramente.

Recordemos que Emerson dijo: "Todos los hombres que encuentro son superiores a mí en algún sentido; y en tal sentido puedo aprender de todos".

Y lo patético es que frecuentemente las personas con menos razones para sentirse importantes tratan de apagar el sentimiento de insignificancia mediante una clamorosa y tumultuosa muestra exterior de envanecimiento, que es ofensiva y vergonzosa.

En palabras de Shakespeare: "¡Hombre, prodigio de soberbia! Investido de su fugaz autoridad, realiza proezas tan fantásticas a la vista de los altos cielos, que los ángeles lloran de pena".

Voy a narrar ahora cómo varios hombres de negocios que seguían mis cursos han aplicado estos principios con notables resultados. Tomemos primero el caso de un abogado de Connecticut, que prefiere que no mencionemos su nombre, a causa de sus parientes. Lo llamaremos señor R.

Poco después de iniciar nuestro curso fue en automóvil con su esposa a visitar a algunos parientes de ésta en Long Island. La esposa lo dejó en casa de una anciana tía, y se fue sola a visitar a otros parientes más jóvenes. Como nuestro hombre tenía que pronunciar en nuestro curso una conferencia sobre la forma en que aplicaba el principio de apreciar la importancia de las otras personas, consideró que podría empezar con la anciana. Miró, pues, a su alrededor, para ver qué podía admirar honradamente.

—Esta casa fue construida alrededor de 1890, ¿verdad? —preguntó.

—Sí —respondió la anciana—. Precisamente en ese año la construyeron. —Me recuerda mucho la casa en que nací. Es hermosa. Bien construida. Amplia. Bien sabemos que ya no construyen casas así. —Tiene razón. La gente de hoy no tiene interés por las casas hermosas. Todo lo que quieren es un departamentito y una heladera eléctrica; nunca están en casa. Siempre paseando en sus automóviles. "Ésta es una casa de ensueño —prosiguió la anciana, con voz vibrante por los recuerdos—. Fue construida con amor. Mi marido y yo soñábamos con ella mucho antes de construirla. No llamamos a un arquitecto. La planeamos por nuestra cuenta."

Le mostró después toda la casa, y nuestro amigo expresó su calurosa admiración por todos los tesoros que la anciana había recogido en sus viajes durante toda su vida: mantillas de encaje, un viejo juego de té inglés, porcelana de Wedwood, camas y sillas francesas, pinturas italianas, y cortinados de seda que habían pertenecido a un castillo francés.

Después de mostrarle toda la casa, la anciana llevó al Sr. R. al garaje. Allí, colocado sobre tacos de madera, había un automóvil Packard, casi nuevo.

—Mi marido compró ese coche poco antes de morir —dijo dulcemente la anciana—. No se lo ha usado después de su muerte... Usted aprecia las cosas bellas, y le voy a regalar este automóvil.

—Pero tía —protestó el Sr. R.—, me abruma usted. Es claro que agradezco su generosidad, pero no podría aceptarlo. No soy siquiera pariente suyo. Tengo un automóvil nuevo, y usted tiene muchos parientes a quienes les gustaría ese Packard.

—¡Parientes! —exclamó la anciana—. Sí, tengo parientes que sólo esperan mi muerte para conseguir ese automóvil. Pero no se lo voy a dejar.

—Si no quiere dejarlo a nadie, le será fácil venderlo.

—¡Venderlo! ¿Cree usted que podría vender este coche? ¿Cree que podría admitir que algún extraño recorriera las calles en ese automóvil que mi marido compró para mí? No puedo ni pensar en venderlo. Se lo voy a regalar. Usted aprecia las cosas bellas.

El Sr. R. trató de disuadirla, pero no pudo sin herir sus sentimientos.

Aquella anciana, sola en su casona, con sus tesoros y sus recuerdos, anhelaba un poco de admiración. Había sido joven y hermosa. Había construido una casa entibiada por el amor y había comprado cosas en toda Europa para embellecerla más. Ahora, en la aislada soledad de los años, anhelaba un poco de tibieza humana, un poco de auténtica apreciación, y nadie se la daba; cuando la encontró, como un manantial en el desierto, su gratitud no podía tener otra expresión adecuada que el obsequio de un automóvil Packard.

Tomemos otro caso. Donald M. McMahon, superintendente de Lewis & Valentine, empresa de jardinería y de arquitectura panorámica de Rye, Nueva York, nos relató este incidente:

"Poco después de escuchar la conferencia sobre 'Cómo ganar amigos e influir sobre las personas', estaba yo dedicado a trazar los jardines en la finca de un famoso abogado. El propietario salió a darme algunas indicaciones sobre los sitios donde quería que se plantaran los rododendros y las azaleas.

"—Juez —le dije—, tiene usted un hermoso pasatiempo. He podido admirar los espléndidos perros que cría usted. Sé que todos los años ganan muchos premios en la exposición canina de Madison Square Garden.

"Fue sorprendente el efecto de esta pequeña muestra de apreciación.

"—Sí —respondió el juez—. Me entretengo mucho con los perros. ¿Le gustaría ver la perrera?

"Pasó casi una hora mostrándome los perros y los premios conquistados. Hasta buscó su pedigrí y explicó las líneas de sangre que daban por resultado tanta belleza e inteligencia canina. Por fin se volvió a mí y preguntó:

"—¿No tiene usted un hijito?

"—Sí.

"—Bien, ¿no le gustaría tener un perrito?

"—Oh, es claro. Estaría encantado.

"—Bien. Le voy a regalar uno.

"Empezó a decirme cómo debía alimentarlo, pero luego se interrumpió.

"—Se va a olvidar usted —dijo—, si se lo digo. Le voy a escribir todo lo necesario.

"Entró en su casa, escribió a máquina el pedigrí y las instrucciones para el cuidado del perrito y me regaló un cachorro que valía cientos de dólares, además de una hora y quince minutos de su valioso tiempo, exclusivamente porque yo había admirado honradamente su pasatiempo."

George Eastman, famoso en relación con las cámaras Kodak, inventó la película transparente, que hizo posible la cinematografía actual, reunió una fortuna de cien millones de dólares, y llegó a ser uno de los más famosos hombres de negocios de la Tierra. A pesar de todo esto, anhelaba que se reconocieran sus méritos, tanto como usted o yo.

Un ejemplo. Hace muchos años Eastman decidió construir la Escuela de Música Eastman, en Rochester, además del Kilbourn Hall, un teatro en homenaje a su madre. James Adamson, presidente de la empresa Superior Seating Company, de Nueva York, quería obtener el pedido de las butacas para los dos edificios. Después de comunicarse telefónicamente con el arquitecto encargado de los planos, el Sr. Adamson fijó una entrevista con el Sr. Eastman en Rochester.

Cuando llegó allí, el arquitecto le dijo:

—Sé que usted quiere obtener este pedido; pero desde ahora le advierto que no tendrá ni un asomo de probabilidad si hace perder más de cinco minutos de tiempo al Sr. Eastman. Está muy ocupado. Diga rápidamente, pues, lo que quiere y márchese.

Adamson estaba dispuesto a seguir el consejo.

Cuando se le hizo entrar en el despacho, notó al Sr. Eastman doblado sobre una pila de papeles que tenía encima del escritorio. En seguida el Sr. Eastman alzó la vista, se quitó los anteojos y caminó hacia el arquitecto y el Sr. Adamson, diciendo:

—Buen día, caballeros, ¿qué puedo hacer por ustedes?

El arquitecto hizo la presentación, y entonces el Sr. Adamson inició la conversación:

—Mientras esperábamos que usted se desocupara, Sr. Eastman, he podido admirar esta oficina. Le aseguro que no me importaría trabajar si tuviera para ello una oficina así. Ya sabe usted que me dedico a los trabajos de decoración interior en madera, y jamás he visto una oficina más hermosa.

—Me hace recordar usted algo que casi tenía olvidado. ¿Es hermosa, verdad? Me gustaba cuando recién construida. Pero ahora llego con muchas cosas en la cabeza y no me fijo siquiera en la oficina durante muchas semanas —respondió Eastman.

Adamson se acercó a una pared y pasó la mano por un panel.

—Esto es roble inglés, ¿verdad? La textura es algo diferente del roble italiano.

—Sí. Es roble inglés importado. Fue elegido especialmente por un amigo que se especializa en maderas finas.

Luego Eastman le mostró toda la habitación, señalando las proporciones, los colores, las tallas a mano y otros efectos que había contribuido a proyectar y ejecutar personalmente.

Mientras andaban por la habitación, admirando el ambiente, se detuvieron junto a una ventana y George Eastman, con su voz suave, modesta, señaló algunas de las instituciones por cuyo intermedio trataba de ayudar a la humanidad: la Universidad de Rochester, el Hospital General, el Hospital Homeopático, el Hogar Amigo, el Hospital de Niños. El Sr. Adamson lo felicitó calurosamente por la forma idealista en que empleaba su riqueza con el fin de aliviar los sufrimientos humanos. Poco después George Eastman abrió una caja de cristal y sacó la primera cámara de que había sido dueño: un invento adquirido a un inglés.

Adamson lo interrogó largamente acerca de sus primeras luchas para iniciarse en los negocios, y el señor Eastman habló con franqueza de la pobreza de su niñez, relató cómo su madre viuda había atendido una casa de pensión mientras él trabajaba en una compañía de seguros. El temor a la pobreza lo perseguía día y noche, hasta que resolvió ganar dinero suficiente para que su madre no tuviera que trabajar tan duramente en la casa de pensión. Adamson le hizo nuevas preguntas y escuchó, absorto, mientras el famoso inventor relataba la historia de sus experimentos con placas fotográficas secas. Contó Eastman cómo trabajaba en una oficina todo el día y a veces experimentaba toda la noche, durmiendo solamente a ratos, mientras operaban los productos químicos, hasta el punto de que a veces no se quitó la ropa durante setenta y dos horas seguidas.

James Adamson había entrado en la oficina de Eastman a las 10.15, con la advertencia de que no debía estar más de cinco minutos; pero pasó una hora, pasaron dos horas, y seguían hablando.

Por fin, George Eastman se volvió a Adamson y le dijo:

—La última vez que estuve en el Japón compré unas sillas, las traje y las puse en la galería del sol. Pero el sol ha despellejado la pintura, y el otro día fui a la ciudad, compré pintura y pinté yo mismo las sillas. ¿Le gustaría ver qué tal soy como pintor? Bueno. Venga a casa a almorzar y se las mostraré.

Después del almuerzo el Sr. Eastman mostró a Adamson las sillas que había comprado en el Japón. No valían más de unos pocos dólares, pero George Eastman, que había ganado cien millones en los negocios, estaba orgulloso de sus sillas, porque él mismo las había pintado.

El pedido de butacas representaba una suma de noventa mil dólares. ¿Quién les parece que lo consiguió, James Adamson o un competidor?

Desde aquel día hasta la muerte del Sr. Eastman, James Adamson fue un íntimo amigo suyo.

Claude Marais, dueño de un restaurante en Rouen, Francia, usó esta regla y salvó a su restaurante de la pérdida de un empleado importante. Se trataba de una mujer que hacía cinco años que trabajaba para él y era un enlace esencial entre Marais y sus veintidós empleados. Quedó muy perturbado al recibir el telegrama de ella anunciándole su renuncia. El señor Claude Marais nos contó:

"Me sentía no sólo sorprendido sino, más aún, decepcionado, porque sabía que había sido justo con ella, y la había tratado bien. Pero, al ser una amiga además de una empleada, era posible que yo la hubiera descuidado un poco y le hubiera exigido más que a mis otros empleados.

"Por supuesto, no podía aceptar su renuncia así como así. La llevé aparte y le dije:

"—Paulette, debe entender que no puedo aceptar su renuncia. Usted significa mucho para mí y para la compañía, y es tan responsable como lo soy yo mismo del éxito de nuestro restaurante.

"Después repetí lo mismo delante de todo el personal, y la invité a mi casa y le reiteré mi confianza, con toda mi familia presente.

"Paulette retiró su renuncia, y hoy puedo confiar en ella más que nunca antes. Y me tomo el trabajo de expresarle periódicamente mi aprecio por lo que hace, y reiterarle lo importante que es para mí y para el restaurante."

"Hábleles a las personas de ellos mismos —dijo Disraeli, uno de los hombres más astutos que han gobernado el Imperio Británico— y lo escucharán por horas."

Haga que la otra persona se sienta importante, y hágalo sinceramente.

TERCERA PARTE

Logre que los demás piensen como usted

Dale Carnegie dijo: "La mayoría de los hombres... carece de la habilidad sutil para entrar en la ciudadela de las creencias de un hombre del brazo de su dueño." En el desarrollo de esta sutileza reside todo el secreto, si usted va a aprender "Cómo lograr que la gente piense como usted y colabore con entusiasmo".

13

UN MEDIO SEGURO DE CONQUISTAR ENEMIGOS...
Y CÓMO EVITARLO

Cuando Theodore Roosevelt estaba en la Casa Blanca, confesó que si podía tener razón en el 75 por ciento de los casos, llegaría a la mayor satisfacción de sus esperanzas. Si ésa era la más alta proporción que podía esperar uno de los hombres más distinguidos del siglo XX, ¿qué diremos usted y yo? Si tiene usted la seguridad de estar en lo cierto solamente el 55 por ciento de las veces, ya puede ir a Wall Street, ganar un millón de dólares por día, comprarse un yate, casarse con una corista. Y si no puede estar seguro de hallarse en lo cierto ni siquiera el 55 por ciento de las veces, ¿por qué ha de decir a los demás que están equivocados?

Puede decirse a la otra persona que se equivoca, con una mirada o una entonación o un gesto, tan elocuentemente como con palabras, y si le dice usted que se equivoca, ¿quiere hacerle convenir por usted? ¡Jamás! Porque ha asestado un golpe directo a su inteligencia, su juicio, su orgullo, su respeto por sí mismo. Esto hará que quiera devolverle el golpe. Pero nunca que quiera cambiar de idea. Podrá usted volcar sobre él toda la lógica de un Platón o de un Kant, pero no alterará sus opiniones, porque ha lastimado sus sentimientos.

No empiece nunca anunciando: "Le voy a demostrar tal y tal cosa". Está mal. Eso equivale a decir: "Soy más vivo que usted. Voy a decirle una o dos cosas y le haré cambiar de idea".

Esto es un desafío. Despierta oposición y hace que quien lo escucha quiera librar batalla con usted, antes de que empiece a hablar.

Es difícil, aun bajo las condiciones más benignas, hacer que los demás cambien de idea. ¿Por qué hacerlo aun más difícil, pues? ¿Por qué ponerse en desventaja? Si va usted a demostrar algo, que no lo sepa nadie. Hágalo sutilmente, con tal destreza que nadie piense que lo está haciendo.

Así lo expresó Alexander Pope:

Se ha de enseñar a los hombres como si no se les enseñara. Y proponerles cosas ignoradas como si fueran olvidadas.

Hace más de trescientos años, Galileo dijo:

No se le puede enseñar nada a nadie; sólo se lo puede ayudar a que lo encuentre dentro de sí.

Lord Chesterfield dijo así a su hijo:

Has de ser más sabio que los demás, si puedes; pero no lo digas.

Sócrates decía repetidamente a sus discípulos en Atenas:

Sólo sé que no sé nada.

Bien: no puedo tener ya la esperanza de ser más inteligente que Sócrates; por lo tanto, he dejado de decir a los demás que se equivocan. Y compruebo que rinde beneficios.

Si alguien hace una afirmación que a juicio de usted está errada —sí, aun cuando usted *sepa* que está errada— es mucho mejor empezar diciendo: "Bien, escuche. Yo pienso de otro modo, pero quizá me equivoque. Me equivoco con tanta frecuencia... Y si me equivoco, quiero corregir mi error. Examinemos los hechos".

Hay algo de mágico, positivamente mágico, en frases

como ésas: "Quizá me equivoque". "Me equivoco con tanta frecuencia..."

Nadie en el mundo o fuera de él objetará nada si usted dice: "Quizá me equivoque. Examinemos los hechos".

Uno de los miembros de nuestras clases usaba este método para tratar con sus clientes; era Harold Reinke, concesionario de la empresa Dodge en Billing, Montana. Nos contó que las presiones del negocio de venta de automóviles lo habían llevado a desplegar una dureza inusual al enfrentarse con las quejas de sus clientes. Esto provocaba discusiones, pérdida de negocios y un malestar generalizado.

Le contó a la clase en la que se hallaba:

—Cuando llegué a reconocer que esta actitud me estaba llevando a la quiebra, probé una táctica distinta. Empecé a decir: "En nuestra agencia hemos cometido tantos errores, que con frecuencia me siento avergonzado. Es posible que nos hayamos equivocado en su caso. Dígame cómo fue". Este enfoque desarma a los quejosos, y cuando el cliente termina de liberar sus sentimientos suele mostrarse mucho más razonable que antes. De hecho, muchos clientes me han agradecido por mi comprensión. Y dos de ellos incluso han traído amigos a comprar autos a mi agencia. En este mercado tan competitivo, necesitamos siempre más de ese tipo de clientes, y creo que mostrando respeto por las opiniones de todos los clientes y tratándolos con diplomacia y cortesía podré ponerme a la cabeza de la competencia.

Jamás se verá en aprietos por admitir que quizá se equivoque. Eso detendrá todas las discusiones y dará a la otra persona el deseo de ser tan justo y ecuánime como usted. Le hará admitir que también él puede equivocarse.

Si usted sabe positivamente que la otra persona se equivoca, y se lo dice usted redondamente, ¿qué ocurre? Tomemos un ejemplo específico. El Sr. S., joven abogado de Nueva York, debatía un caso muy importante, hace poco, ante la Suprema Corte de los Estados Unidos (*Lustgarten v. Fleet Corporation 280 U.S. 320*). Del proceso dependía la posesión de una vasta suma de dinero, y también la dilucidación de una importante deuda legal. Durante el debate, uno de los ministros de la Corte dijo al Sr. S.:

—El estatuto de limitaciones en derecho marítimo es de seis años, ¿verdad?

El Sr. S. se detuvo, miró al ministro por un momento y contestó después, rotundamente:

—Usía: no hay estatuto de limitaciones en derecho marítimo.

—Se hizo el silencio en la sala del tribunal —decía el Sr. S. al narrar este episodio ante una de nuestras clases— y pareció que la temperatura ambiente había bajado a cero. Yo tenía razón. El ministro de la Corte estaba equivocado. Y yo se lo señalé. Pero, ¿lo bienquisté conmigo? No. Sigo creyendo que en aquel caso el derecho estaba de mi parte. Y sé que defendí mi caso como jamás lo he hecho. Pero no conseguí persuadir al tribunal. Cometí el enorme error de decir a un hombre famoso y muy culto que se equivocaba.

Pocas personas son lógicas. Casi todos tenemos prejuicios e ideas preconcebidas. Casi todos nos hallamos cegados por esas ideas, por los celos, sospechas, temores, envidia y orgullo. Y en su mayoría las personas no quieren cambiar de idea acerca de su religión, o su corte de cabello, o el comunismo, o su astro de cine favorito. De manera que si usted suele decir a los demás que se equivocan, sírvase leer el siguiente párrafo todas las mañanas antes del desayuno. Es del ilustrativo libro *La mente en proceso,* del profesor James Harvey Robinson:

A veces notamos que vamos cambiando de idea sin resistencia alguna, sin emociones fuertes, pero si se nos dice que nos equivocamos nos enoja la imputación, y endurecemos el corazón. Somos increíblemente incautos en la formación de nuestras creencias, pero nos vemos llenos de una ilícita pasión por ellas cuando alguien se propone privarnos de su compañía. Es evidente que lo que nos resulta caro no son las ideas mismas, sino nuestra estima personal, que se ve amenazada... Esa palabrita "mi" es la más importante en los asuntos humanos, y el comienzo de la sabiduría consiste en advertir todo su valor. Tiene la misma fuerza siempre, sea que se aplique a "mi" comida, "mi" perro y "mi" casa, o a "mi" padre, "mi" patria y "mi" Dios. No solamente nos irrita la imputación de que nuestro reloj funciona mal o nuestro coche ya es viejo, sino también la de que puede someterse a revisión nuestro concepto de los canales de Marte, de la pronunciación de "Epicteto", del valor medicinal del salicilato, o de la fecha en que vivió Sargón I... Nos gusta seguir creyendo en lo que hemos llegado a aceptar como exacto, y el resentimiento que se despierta cuando alguien expresa duda acerca de cualquiera de nuestras presunciones nos lleva a buscar toda suerte de excusas para aferrarnos a ellas. El resultado es que la mayor parte de lo que llamamos razonamiento consiste en encontrar argumentos para seguir creyendo lo que ya creemos.

Carl Rogers, el eminente psicólogo, escribió en su libro *Realización de una persona**:

Me ha resultado de enorme valor permitirme comprender a la otra persona. Puede resultarles extraño el modo en que he formulado la frase. ¿Acaso es necesario permitirse comprender a otro? Creo que lo es. Nuestra primera reacción a la mayoría de las proposiciones (que oímos en boca del prójimo) es una evaluación o un juicio, antes que una comprensión. Cuando alguien expresa un sentimiento, opinión o creencia, nuestra tendencia es casi inmediatamente sentir: "tiene razón", o "qué estúpido", "es anormal", "es irracional", "se equivoca", "es injusto". Es muy raro que nos permitamos

* Adaptado de Carl Rogers, *On Becoming a Person*, Boston, Houghton, Mifflin Co., 1961, pág. 18 y sigs.

comprender precisamente qué sentido le ha dado a sus palabras la otra persona.

Yo encargué una vez a un decorador de interiores que hiciera ciertos cortinados para mi casa. Cuando llegó la cuenta, quedé sin aliento. Pocos días más tarde nos visitó una amiga, que vio los cortinados. Se mencionó el precio, y la amiga exclamó con una nota de triunfo en la voz:

—¿Qué? ¡Es una enormidad! Parece que se han dejado engañar esta vez.

¿Era cierto? Sí, era la verdad, pero a pocas personas les gusta escuchar una verdad que es denigrante para su juicio. Por ser humano traté de defenderme. Señalé que lo mejor es con el tiempo lo más barato, que no se encuentra buena calidad y gusto artístico a precios de liquidación, y así por el estilo.

Al día siguiente nos visitó otra amiga, que admiró los cortinados, se mostró entusiasmada, y expresó el deseo de poder estar en condiciones de adquirir cosas parecidas para su hogar. Mi reacción fue del todo diferente.

—Para decirle la verdad —reconocí—, yo no puedo darme estos lujos. Pagué demasiado. Ahora lamento haber encargado esos cortinados.

Cuando nos equivocamos, a veces lo admitimos para nuestros adentros. Y si se nos sabe llevar, con suavidad y con tacto, quizá lo admitamos ante los demás, y acaso lleguemos a enorgullecernos de nuestra franqueza y ecuanimidad en tal caso. Pero no ocurre así cuando otra persona trata de meternos a golpes en la garganta el hecho poco sabroso de que no tenemos razón.

Horace Greeley, el famoso periodista de los Estados Unidos durante la Guerra Civil, estaba en violento desacuerdo con la política de Lincoln. Creía que podía obligar a Lincoln a convenir con él mediante una campaña de argumentación, burlas e insultos. Libró esta acerba campaña mes tras mes, año tras año. Hasta la noche en que Booth hirió a Lincoln, escribió un ataque personal de tono brutal, amargo, sarcástico, contra el presidente.

Pero, ¿consiguió Greeley, con esta acerbidad, que Lincoln estuviera de acuerdo con él? Jamás. La burla y el insulto no sirven para esto.

Si quiere usted conocer algunas indicaciones excelentes acerca de la manera de tratar con las personas, de dominarse y mejorar su personalidad, lea la autobiografía de Benjamin Franklin, una de las obras más fascinadoras que se han escrito, clásica en la literatura norteamericana.

En esta historia de su vida, Franklin narra cómo triunfó sobre el hábito inicuo de discutir, y se transformó en uno de los hombres más capaces, suaves y diplomáticos que figuran en la historia nacional.

Un día, cuando Franklin era un jovenzuelo arrebatado, un viejo cuáquero, amigo suyo, lo llevó a un lado y le descargó unas cuantas verdades, algo así como esto:

Ben, eres imposible. Tus opiniones son como una cachetada para quien difiera contigo. Tanto es así, que ya a nadie interesan tus opiniones. Tus amigos van descubriendo que lo pasan mejor cuando no estás con ellos. Sabes tanto, que nadie te puede decir nada. Por cierto que nadie va a intentarlo siquiera, porque ese esfuerzo sólo le produciría incomodidades y trabajos. Por tal razón, es probable que jamás llegues a saber más de lo que sabes ahora, que es muy poco.

Uno de los rasgos más hermosos que ha tenido Franklin, a mi juicio, es la forma en que aceptó esta dolorosa lección. Tenía ya edad suficiente, y suficiente cordura, para comprender que era exacta, que si seguía como hasta entonces sólo podría llegar al fracaso y a la catástrofe social. Dio, pues, una media vuelta. Comenzó inmediatamente a modificar su actitud insolente, llena de prejuicios.

"Adopté la regla —refiere Franklin en su biografía— de eludir toda contradicción directa de los sentimientos de los demás, y toda afirmación positiva de los míos. Hasta me prohibí el empleo de aquellas palabras o expresiones que significan una opinión fija, como 'por cierto', 'indudablemente', etc., y adopté, en lugar de ellas, 'creo', 'entiendo', o 'imagino' que una cosa es así; o 'así me parece por el momento'. Cuando otra persona aseguraba algo que a mi juicio era un error, yo me negaba el placer de contradecirla abiertamente y de demostrar en seguida algún absurdo en sus palabras: y al responder comenzaba observando que en ciertos casos o circunstancias su opinión sería acertada, pero que, en el caso presente, me parecía que habría cierta diferencia, etc. Pronto advertí las ventajas de este cambio de actitud. Las conversaciones que entablaba procedían más agradablemente; la forma modesta en que exponía mis opiniones les procuraba una recepción más pronta y menos contradicción; me veía menos mortificado cuando notaba que estaba en error, y conseguía más fácilmente que los otros admitieran sus errores y se sumaran a mi opinión cuando era la justa.

"Y esta manera de actuar, que al principio empleé con cierta violencia en cuanto a las inclinaciones naturales, se hizo con el tiempo tan fácil, y fue tan habitual, que acaso en los últimos cincuenta años nadie ha escuchado de mis labios una expresión dogmática. Y a esta costumbre (después de mi carácter de integridad) considero deber principalmente el hecho de que tuve tanto peso ante mis conciudadanos cuando propuse nuevas instituciones, o alteraciones en las antiguas, y tanta influencia en los consejos públicos cuando fui miembro de ellos; porque yo era un mal orador, jamás elocuente, sujeto a mucha vacilación en mi elección de las palabras, incorrecto en el idioma, y sin embargo generalmente hice valer mis opiniones."

¿Qué resultado dan en los negocios los métodos de Benjamin Franklin? Veamos dos ejemplos.

Katherine A. Allred, de Kings Mountain, Carolina del Norte, es supervisora de ingeniería industrial en una fábrica textil. Le contó a una de nuestras clases cómo manejó un problema delicado antes y después de seguir nuestro curso:

"—Parte de mi responsabilidad —dijo—, es crear y mantener sistemas y normas de incentivación para nuestros operarios, de modo que puedan hacer más dinero produciendo más hilados. El sistema que habíamos estado usando funcionaba muy bien cuando sólo teníamos dos o tres tipos diferentes de hilado pero recientemente ampliamos nuestro inventario e instalaciones de modo de permitirnos producir más de doce variedades diferentes. El sistema actual ya no es adecuado para pagar con justicia a los operarios por el trabajo que realizan dándoles un incentivo para aumentar la producción. Yo había ideado un sistema nuevo que nos permitiría pagar al operario por la clase de hilado que estuviera produciendo en cada momento. Con mi nuevo sistema en la mano, entré a una reunión de directorio decidida a probar que mi idea era la más adecuada. Les expliqué en detalle en qué se habían equivocado y les mostré lo injustos que habían sido, y les dije que yo tenía todas las respuestas que necesitaban. Para decirlo de un modo suave, fracasé miserablemente. Me había afanado tanto en defender mi ``nuevo sistema, que no les había dado oportunidad de admitir decorosamente que el viejo sistema ya no les servía. La cuestión quedó congelada.

"Después de varias clases en este curso, comprendí muy bien dónde había estado mi error. Pedí otra reunión, y esta vez les pregunté dónde creían que tenían problemas. Discutimos cada punto, y les pedí sus opiniones sobre los mejores modos de proceder. Con unas pocas sugerencias lanzadas aquí y allá, dejé que ellos mismos presentaran mi sistema. Al final de la reunión, cuando lo expuse lo aceptaron con entusiasmo.

"Ahora estoy convencida de que no puede lograrse nada bueno, y sí puede hacerse mucho daño, si uno le dice directamente a una persona que está equivocada. Sólo se consigue despojar a esa persona de su autodignidad, y uno queda como un entrometido."

Tomemos otro ejemplo, y recordemos que estos casos son típicos de las experiencias de miles de personas. R. V. Crowley es vendedor en una gran empresa maderera de Nueva York. Crowley admite que durante años estuvo diciendo que se equivocaban a muchos experimentados inspectores de maderas. Y había ganado las discusiones. Pero sin ningún beneficio. "Porque estos inspectores —dijo el Sr. Crowley— son como árbitros de fútbol. Una vez que llegan a una decisión no la cambian más." El Sr. Crowley comprobó que su empresa perdía mucho dinero gracias a las discusiones que él ganaba. De modo que, mientras seguía uno de mis cursos, resolvió cambiar de táctica y renunciar a las discusiones. ¿Con qué resultados? Veamos el relato que hizo ante sus compañeros de clase:

"Una mañana sonó el teléfono de mi oficina. Un hombre acalorado e iracundo procedió a informarme que un camión de madera que habíamos enviado a su fábrica era completamente insatisfactorio. Su firma había dejado de descargarlo y solicitaba que dispusiéramos inmediatamente lo necesario para retirar la mercadería de su corralón. Después de descargada aproximadamente la cuarta parte del envío, el inspector de la empresa informaba que la madera estaba un 55 por ciento por debajo de la calidad normal. En esas circunstancias, la casa se negaba a aceptar el cargamento.

"Salí inmediatamente para la fábrica, y en el camino pensé en la mejor manera de resolver la situación. En esas circunstancias, yo habría recordado, ordinariamente, las reglas sobre calidad de la madera, y procurado, como resultado de mi experiencia y mis conocimientos como inspector de maderas, convencer al otro inspector de que la madera era de la calidad requerida, y que él interpretaba erróneamente las reglas de inspección. Pero, en cambio, me decidí a aplicar los principios aprendidos en estos cursos.

"Cuando llegué a la fábrica encontré al comprador y al inspector de muy mal talante, dispuestos a discutir y pelear. Llegamos hasta el camión y les pedí que continuaran descargando para poder ver cómo se presentaban las cosas. Pedí al inspector que siguiera en su tarea y dejara a un lado los rechazos, como había venido haciendo, y pusiera las maderas buenas en otra pila.

"Después de contemplarlo por un rato comencé a advertir que su inspección era estricta en exceso y que no interpretaba bien las reglas. La madera en cuestión era pino blanco, y yo sabía que el inspector era muy entendido en maderas duras, pero no tenía competencia ni experiencia en cuanto al pino blanco. En cambio, el pino blanco es mi fuerte. Sin embargo, no formulé objeción alguna por la forma en que aquel hombre clasificaba la madera. Seguí mirando, y por fin empecé a preguntar por qué ciertas piezas eran rechazadas. Ni por un instante insinué que el inspector se equivocaba. Destaqué que la única razón de mis preguntas era el deseo de poder dar a la empresa exactamente lo que necesitaba, en los envíos futuros.

"Con estas preguntas, hechas siempre en forma amistosa y de cooperación, y con mi insistencia en que tenían razón al rechazar tablones que no les satisfacían, conseguí que las relaciones entre nosotros dejaran de ser tensas. Alguna frase cuidadosamente formulada por mi parte dio origen, en el ánimo del inspector, a la idea de que tal vez algunas de las piezas rechazadas estaban en realidad dentro de la calidad que habría querido comprar, y que las necesidades de la casa requerían una calidad más costosa. Tuve buen cuidado, no obstante, de no hacerle pensar que yo defendía un punto de vista opuesto al suyo.

"Gradualmente cambió toda su actitud. Por fin admitió que no tenía experiencia en la clasificación de pino blanco y comenzó a hacerme preguntas acerca de cada una de las piezas que se descargaban. Yo explicaba entonces por qué tal o cual pieza entraba dentro de la calidad especificada en el pedido, pero insistiendo siempre en que no quería que la casa la aceptara si no respondía a sus necesidades. Por fin el inspector llegó al punto de sentirse culpable cada vez que colocaba un tablón en la pila de los rechazos. Y por último comprendió que el error había sido de su empresa, por no especificar en el pedido una calidad tan buena como la que necesitaban.

"El resultado final fue que volvió a revisar todo el cargamento después de marcharme yo, que aceptó toda la madera y que recibimos un cheque por el pago total.

"En este caso solo, un poco de tacto y la decisión de abstenerse de decir a la otra persona que se equivoca re-

143

sultaron para mi compañía una economía de una buena cantidad de dinero contante y sonante, y sería difícil fijar el valor monetario de la buena voluntad que se salvó por ese medio."

Una vez le preguntaron a Martin Luther King cómo podía admirar, siendo un pacifista, al General de la Fuerza Aérea Daniel "Chappie" James, que en aquel entonces era el militar negro de más rango en el país. El Dr. King respondió:

—Juzgo a la gente por sus principios, no por los míos.

De modo similar, el General Robert E. Lee le habló una vez al presidente de la Confederación, Jefferson Davis, en los términos más elogiosos, sobre cierto oficial bajo su mando. Otro oficial que estaba presente quedó atónito:

—General —le dijo—, ¿no sabe que el hombre del que habla con tanta admiración es uno de sus peores enemigos, que no pierde ocasión de denigrarlo?

—Sí —respondió el General Lee—. Pero el presidente me pidió mi opinión de él, no la opinión que él tiene de mí.

Pero yo no revelo nada nuevo en este capítulo. Hace diecinueve siglos, Jesucristo dijo: "Ponte rápidamente de acuerdo con tu adversario".

Y 2.200 años antes del nacimiento de Jesucristo, el Rey Akhtoi de Egipto dio a un hijo ciertos consejos muy sagaces, consejos que nos son muy necesarios hoy. "Sé diplomático —le dijo el rey—, te ayudará a obtener tus deseos."

En otras palabras: no hay que discutir con el cliente o con el cónyuge o con el adversario. No le diga que se equivoca, no lo haga enojar; utilice un poco de tacto, de diplomacia.

Demuestre respeto por las opiniones ajenas.
Jamás diga a una persona que está equivocada.

14

EL MEJOR CAMINO HACIA EL ENTENDIMIENTO

Si su ánimo está exaltado y usted confía a los demás un par de cosas, usted lo pasará bien desahogando sus sentimientos. ¿Pero qué pasa con el otro? ¿Compartirá su placer? ¿Sus tonos agresivos, su actitud hostil, facilitarán al otro ponerse de acuerdo con usted?

—Si vienes a mí con los puños crispados —decía Woodrow Wilson— creo que los míos podrán crisparse tan rápidamente como los tuyos; pero si vienes y me dices: "Vamos a sentarnos e intercambiar opiniones y, si disentimos, trataremos de entender por qué, cuáles son los puntos en discusión", nos daremos cuenta inmediatamente de que no estamos tan distantes, pues los puntos en los cuales disentimos son pocos, y aquellos en los que estamos de acuerdo, muchos. Si solamente contamos con paciencia y buena voluntad para ponernos de acuerdo, esto nos será fácil.

Nadie apreció mejor la verdad del juicio de Woodrow Wilson que John D. Rockefeller Jr. Hacia 1915, Rockefeller era el hombre más terriblemente odiado en Colorado. Una de las huelgas más sangrientas en la historia de la industria americana venía asolando el estado desde hacía dos años. Los mineros furiosos y agresivos exigían salarios más altos a la Compañía Petrolífera Colorado; Rockefeller controlaba esa empresa. La propiedad había sido destruida y las tropas llamadas. Se había derramado sangre. Habían disparado contra los huelguistas y sus cuerpos yacían acribillados a balazos.

En un momento así, con el ambiente cargado de odio,

Rockefeller se propuso ganarse a los huelguistas. Y lo logró. ¿Cómo? Aquí está la historia. Después de invertir varias semanas en acercamientos amistosos, Rockefeller convocó a los representantes de los huelguistas. Su discurso fue realmente una obra maestra. Produjo resultados asombrosos. Calmó las tempestuosas olas de odio que amenazaban arrastrar a Rockefeller. Este discurso le permitió ganar una multitud de admiradores. Presentaba los hechos de una manera tan amistosa que los huelguistas volvieron al trabajo sin decir una palabra acerca del aumento de salarios por el cual habían luchado tan violentamente.

El comienzo de aquel memorable discurso sigue a continuación. Noten cómo irradia sentimientos amistosos. Rockefeller, recuerden, hablaba a hombres que pocos días antes habían querido colgarlo del pescuezo de la rama de un manzano; sin embargo él no podría haberse mostrado más amable y amistoso si se hubiera dirigido a un grupo de médicos misioneros. Su discurso brillaba con frases tales como: "Estoy *orgulloso* de hallarme aquí, habiendo *visitado sus hogares,* conocido a sus familiares, nos encontramos aquí no como extraños sino *como amigos...* espíritu de *mutua amistad,* nuestros *intereses comunes,* es sólo por *cortesía de ustedes* que estoy aquí".

—Éste es un día excepcional en mi vida —comenzó Rockefeller—. Es la primera vez que tengo la fortuna de encontrarme con los delegados de los empleados de esta gran compañía, sus capataces y jefes, todos juntos, y puedo asegurarles que estoy orgulloso de hallarme aquí y que recordaré este encuentro mientras viva. Si esta reunión se hubiera concretado hace dos semanas, yo sería aquí un extraño para la mayoría de ustedes, pudiendo reconocer una pocas caras. Por haber tenido la oportunidad la semana pasada de visitar todos los partidos de los yacimientos carboníferos en la zona sur y de conversar individualmente con casi todos los delegados, excepto aquellos que estaban afuera; por haber visitado sus casas y conocido a muchas de sus mujeres y niños, nos encontramos aquí no como extraños sino como amigos;

es con este espíritu de mutuo entendimiento que me alegro de tener esta oportunidad de discutir con ustedes nuestros intereses comunes.

"Puesto que ésta es una reunión de los funcionarios de la compañía y de los delegados de los empleados, estoy aquí gracias a la cortesía de ustedes, porque no tengo la fortuna de ser ni lo uno ni lo otro. Con todo, yo me siento íntimamente involucrado con sus hombres, pues de alguna manera represento tanto a los accionistas como a los directores."

¿No es éste un ejemplo soberbio del arte sutil de convertir en amigos a los enemigos? Supongamos que Rockefeller hubiera adoptado una política diferente. Hubiera discutido con estos mineros y los hubiera enfrentado con hechos abrumadores. Supongamos que con su tono e insinuaciones, y mediante todos los recursos de la lógica, él les hubiera probado que estaban en un error. ¿Qué habría ocurrido? Se habría generado más enojo, odio y desorden.

Si el corazón de un hombre está lleno de discordia y resentimiento hacia usted, no lo puede llevar a su manera de pensar con toda la lógica de la Cristianidad. Padres que reprenden, patrones y maridos dominantes y esposas protestonas debieran darse cuenta de que la gente no quiere cambiar de opinión. No se los puede forzar a que se pongan de acuerdo con usted o conmigo. Pero posiblemente se los puede convencer, si somos gentiles y amistosos, siempre tan gentiles como amistosos.

Efectivamente, Lincoln lo dijo hace más de cien años. Éstas son sus palabras:

Una antigua máxima dice que "una gota de miel atrapa más moscas que un galón de hiel". Lo mismo ocurre con los hombres: si quieres ganar un hombre para tu causa, primero convéncelo de que eres su amigo sincero. Internamente hay una gota de miel que se adueña de su corazón, la cual —digas lo que quieras— es un gran camino hacia su razón.

Los hombres de negocios han aprendido que da buenos resultados ser amistosos con los huelguistas. Por ejemplo, cuando dos mil quinientos empleados, en la planta de White Motor Co., pararon por salarios más altos y una asociación sindical, Robert Black, entonces presidente de la compañía, no perdió los estribos; él no los condenó ni amenazó, no habló de tiranía ni los acusó de comunistas. En realidad él alabó a los huelguistas. Publicó un aviso en los diarios de Cleveland, felicitándolos por "la pacífica manera en la que ellos habían depuesto sus herramientas". Al encontrar a los piquetes de huelga ociosos, él les compró un par de docenas de palos y guantes de béisbol y los invitó a jugar en los terrenos desocupados. Para aquellos que preferían el bowling les alquiló un local.

Esta actitud amistosa de parte del Sr. Black logró lo que la cordialidad siempre reporta: engendró amistad. Los huelguistas pidieron prestados escobas, palas y carros de basura y empezaron a recoger fósforos, papeles, colillas de cigarrillos y de cigarros alrededor de la fábrica. ¡Imaginen esto!: huelguistas limpiando los terrenos de la fábrica mientras luchaban por salarios más altos y por el reconocimiento del sindicato. Nunca se había escuchado de un hecho como éste antes, en la larga y tempestuosa historia de las luchas de las clases trabajadoras en América. Aquella huelga finalizó con un compromiso de arreglo dentro de la semana, sin resentimiento ni rencor.

Daniel Webster, que parecía un dios y hablaba como Jehová, era uno de los abogados más exitosos que jamás haya defendido un pleito; hasta él introducía sus argumentos más poderosos con comentarios tales como: "Está a consideración del tribunal", "Quizás valga la pena pensar...", "Aquí hay algunos hechos que yo confío ustedes no dejarán pasar", "Ustedes, con su conocimiento de la naturaleza humana, fácilmente captarán el significado de estos hechos". Sin intimidar. Sin métodos compulsivos.

Sin recurrir a forzar las opiniones de los otros, Webster se valía de un estilo de aproximación amistoso, calmo, moderado en el discurso, y esto contribuyó a hacerlo famoso.

Puede ser que a usted nunca le toque poner fin a una huelga o dirigirse a un tribunal, pero sí que quiera lograr que su alquiler se reduzca. ¿Podrá una aproximación cordial ayudarlo? Veamos.

El Sr. O. L. Straub, un ingeniero, necesitaba reducir el monto de su alquiler, y él sabía que el propietario era inflexible. "Yo le escribí —contó el Sr. Straub, en el transcurso de una charla delante de la clase— notificándole que iba a dejar mi departamento tan pronto como mi contrato venciera. En verdad yo no quería mudarme. Pero la situación parecía irremediable. Otros inquilinos lo habían intentado y no consiguieron su propósito. Todos me dijeron que el propietario era una persona extremadamente difícil de tratar. Pero yo me dije: estoy siguiendo un curso sobre 'cómo tratar a la gente'; por lo tanto, intentaré practicar con él y veré cómo resulta.

"Él y su secretario vinieron a verme tan pronto como recibió mi carta. Le abrí la puerta con un saludo amistoso. Apenas pude balbucear algo con buena disposición y entusiasmo. No comencé hablando de lo alto que era el alquiler sino de cuánto me agradaba su departamento. Créanme, fui sincero en mi encomio y pródigo en elogios. Lo felicité por el modo como administraba el edificio y le dije que me gustaría mucho permanecer otro año más, pero que no podría afrontarlo.

"Evidentemente él nunca había hallado una acogida de esa naturaleza en un inquilino. Casi no sabía cómo reaccionar.

"Entonces empezó a contarme sus problemas, a quejarse de los inquilinos. Uno le había escrito catorce cartas, algunas de ellas realmente insultantes. Otro amenazaba romper su contrato a menos que el dueño lograra que el hombre del piso inferior dejara de roncar. ¡Qué alivio significa —dijo— tener un inquilino satisfecho como usted! Y luego, sin que yo siquiera se lo pidiera, él me ofreció bajarme un poco el alquiler. Yo pretendía más; por eso le

149

dije la cifra que estaría en condiciones de pagar y él aceptó sin decir una palabra.

"Mientras se iba, me preguntó qué mejora podía hacerle a mi departamento.

"Si yo hubiera tratado de conseguir la rebaja en mi alquiler por los métodos que otros inquilinos estaban usando, estoy seguro de que habría fracasado como ellos. Fue mi acercamiento amistoso, simpático, el que triunfó".

Dean Woodcock de Pittsburgh, Pensilvania, es el superintendente de un departamento de la compañía de electricidad local. Su equipo fue llamado para reparar algunos materiales en lo alto de un poste. Este tipo de trabajo anteriormente había sido llevado a cabo por un departamento diferente, y recientemente había sido transferido a la sección de Woodcock. Aunque su gente había sido entrenada en ese trabajo, ésta era la primera vez que eran llamados para realizarlo. Todos en la empresa estaban interesados en ver cómo se manejarían con este trabajo. El Sr. Woodcock, algunos de sus subalternos y miembros de otros departamentos de la empresa fueron a presenciar la operación. Había allí muchos autos y camiones, y numeroso público parado alrededor, observando a los dos hombres en lo alto del poste.

Al mirar en torno de él, Woodcock notó que, en la calle, un hombre salía de su auto con una cámara fotográfica. Éste comenzó a sacar fotos de la escena. El personal de las empresas de servicios públicos es extremadamente consciente en las relaciones públicas, y de repente, Woodcock se dio cuenta de que al hombre con la cámara esta situación le parecía un exceso: docenas de personas enviadas a realizar el trabajo de dos: él cruzó la calle hacia el fotógrafo.

—Veo que está interesado en nuestra operación.

—Sí, y mi madre se sentirá más que interesada, porque tiene acciones en su compañía. Esto le abrirá los ojos. Hasta puede ser que ella entienda que su inversión ha sido imprudente. Le he estado diciendo durante años que hay mucha actividad desperdiciada en compañías como la`` suya, y esto lo prueba. A los periódicos podrían agradarle también estas fotos.

—Así parece, ¿no es cierto? Yo pensaría lo mismo en su lugar, pero ésta es una situación única... —Y Dean Woodcock se puso a explicarle que ése era el primer trabajo de este tipo para su departamento; por eso todos, desde los ejecutivos hacia abajo, estaban interesados en él. aseguró al hombre que, en condiciones normales, dos personas podrían manejar el trabajo. El fotógrafo dejó su cámara, estrechó la mano de Woodcock y le agradeció que hubiera dedicado su tiempo para explicarle la situación.

El acercamiento amable de Dean Wookcock salvó a su compañía de una publicidad perjudicial para la misma. Otro miembro de alguna de nuestras clases, el Sr. Gerald H. Winn de Littleton, New Hampshire, contó cómo, valiéndose de un acercamiento amistoso, obtuvo un pago satisfactorio en una demanda por daños.

"Al comienzo de la primavera —relató— antes de que la escarcha del invierno se hubiera licuado, hubo una tormenta de lluvia inusualmente fuerte; el agua, que normalmente hubiera circulado por los canales cercanos y las bocas de tormenta a lo largo de la calle, tomó nuevo curso y cubrió un lote donde yo acababa de construir una casa nueva.

"No pudiendo circular, la presión del agua socavó los cimientos de la casa, llegó hasta el piso del sótano y provocó una explosión que lo anegó totalmente. Esto arruinó la caldera y el tanque de agua caliente. El costo de reparar estos daños superaba los dos mil dólares, y yo no tenía seguro que cubriera este tipo de daño.

"Sin embargo, pronto averigüé que el dueño, al lotear el terreno, había descuidado poner una boca de tormenta cerca de la casa, la cual hubiera evitado este problema. Yo concerté una cita con él. Durante los 25 minutos de viaje hacia su oficina, revisé cuidadosamente la situación y, recordando los principios que aprendí en este curso, decidí que mostrar mi enojo no serviría a ningún propósito válido. Cuando llegué me mantuve muy sereno y comencé a hablar de sus recientes vacaciones en el Caribe; luego, cuando sentí que el momento era oportuno, mencioné el "pequeño" problema de la inundación. Él inmediatamente estuvo de acuerdo en la contribución que le correspondía para ayudar a solucionar el problema.

"Pocos días más tarde él llamó y dijo que se haría cargo de los daños y además pondría una boca de tormenta para evitar que el mismo hecho se repitiera en el futuro.

"Aunque se trataba de una falta del propietario del terreno, si yo no lo hubiera abordado de una manera amistosa, habría tenido grandes dificultades para conseguir que se hiciera cargo de la responsabilidad total."

Hace años, cuando yo era un chico descalzo que caminaba a través de los bosques hacia una escuela de campo en el Noroeste de Missouri, leí una fábula de Esopo acerca del sol y el viento. Ellos discutían cuál era el más poderoso, y el viento dijo: "Yo probaré serlo. ¿Ves allí abajo ese viejo con un saco? Te apuesto que puedo lograr que se lo saque más rápido de lo que tú puedes."

El sol se escondió tras una nube y el viento sopló hasta convertirse casi en un tornado, pero cuanto más soplaba, el anciano se asía a su saco ajustándoselo más.

Finalmente el viento calmó y se dio por vencido; entonces el sol salió de atrás de las nubes y sonrió amablemente sobre el viejo. Inmediatamente, éste se enjugó su rostro y se sacó el abrigo. El sol, entonces, dijo al viento que la gentileza y la cordialidad siempre eran más fuertes que la furia y la fuerza.

El uso de la gentileza y la amabilidad se advierte diariamente en gente que ha aprendido que una gota de miel atrapa más moscas que un galón de hiel. F. Gale Connor de Lutherville, Maryland, probó esto cuando tuvo que llevar su auto con cuatro meses de uso al departamento mecánico de la agencia vendedora por tercera vez. Él dijo a nuestra clase: "Parecía evidente que hablar, discutir o gritarle al jefe de taller no iba a permitirme resolver satisfactoriamente mi problema.

"Me dirigí a la sala de ventas y pedí ver al dueño de la agencia, el Sr. White. Después de una breve espera, me recibió en su oficina. Me presenté y le expliqué que había comprado mi auto a su vendedor por las recomendaciones de amigos que habían hecho operaciones con él anteriormente. Me habían dicho que sus precios eran muy competitivos y su taller excelente. Él sonreía con satisfacción mientras me escuchaba. Entonces le expliqué el problema que tenía con el servicio de taller. Yo había pensado —agregué— que él querría estar enterado de cualquier situación que pudiera empañar su buena reputación. Me agradeció por llamarle la atención al respecto y me aseguró que mi problema sería subsanado. No sólo se sintió él personalmente comprometido sino que, inclusive, me prestó su auto mientras el mío era reparado."

Esopo fue un esclavo griego que vivió en la corte de Creso y escribió fábulas inmortales seis siglos antes de Cristo. Todavía las verdades que él enseñó acerca de la naturaleza humana son tan legítimas en Boston o Birmingham como lo fueron hace dos mil seiscientos años en Atenas. El sol puede hacerte sacar tu abrigo mucho más rápido que el viento; la amabilidad, el acercamiento cordial y la valoración personal pueden hacer cambiar a la gente de opinión con más rapidez que todos los vientos y tormentas del mundo.

Recuerden lo que dijo Lincoln: "Una gota de miel atrapa más moscas que un galón de hiel".

Comience de manera amistosa.

15

EL SECRETO DE SÓCRATES

Cuando hable con alguien, no empiece discutiendo las cosas en que hay divergencia entre los dos. Empiece destacando —y siga destacando— las cosas en que están de acuerdo. Siga acentuando —si es posible— que los dos tienden al mismo fin y que la única diferencia es de método y no de propósito. Haga que la otra persona diga "Sí, sí", desde el principio. Evite, si es posible, que diga "No".

"Un *No* como respuesta —dice el profesor Overstreet*— es un obstáculo sumamente difícil de vencer. Cuando una persona ha dicho *No,* todo el orgullo que hay en su personalidad exige que sea consecuente consigo misma. Tal vez comprenda más tarde que ese *No* fue un error; pero de todos modos tiene que tener en cuenta su precioso orgullo. Una vez dicha una cosa, tiene que atenerse a ella. Por lo tanto, es de primordial importancia que lancemos a una persona en la dirección afirmativa."

El orador hábil obtiene "desde el principio una serie de *Sí*", como respuesta. Con ello ha puesto en movimiento en la dirección afirmativa los procesos psicológicos de quienes lo escuchan. Es como el movimiento de una bola de billar. Impúlsesela en una dirección, y se necesita cierta fuerza para desviarla; mucha más para enviarla de vuelta en la dirección opuesta.

"Son muy claros aquí los patrones psicológicos. Cuando una persona dice *No* y en realidad quiere decir *Sí,* ha

* Harry A. Overstreet, *Influencing Human Behavior.*

hecho mucho más que pronunciar una palabra de dos letras. Todo su organismo —glandular, nervioso, muscular— se aúna en un estado de rechazo. Suele haber, en un grado diminuto pero a veces perceptible, una especie de retirada física, o de prontitud para la retirada. Todo el sistema neuromuscular, en suma, se pone en guardia contra la aceptación. Por lo contrario, cuando una persona dice *Sí*, no se registra ninguna de estas actividades de retirada. El organismo está en una actitud de movimiento positivo, aceptable, abierta. Por ende, cuantos más *Sí* podamos incluir desde un comienzo, tanto más probable es que logremos captar la atención del interlocutor para nuestra proposición final.

"Es una técnica muy sencilla esta respuesta afirmativa. ¡Y cuán descuidada! A menudo parece que la gente lograra *un* sentimiento de importancia mediante el antagonismo inicial en una conversación.

"Si hacemos que un estudiante, o un cliente, o un hijo, o un esposo, o una esposa, diga *No* en un comienzo, necesitaremos la sabiduría y la paciencia de los ángeles para transformar esa erizada negativa en una afirmativa."

El empleo de esta técnica del "sí, sí" permitió a James Eberson, cajero del Greenwich Savings Bank, de Nueva York, obtener un nuevo cliente que, en el caso contrario, se habría perdido.

"Este hombre —relató Eberson— entró a abrir una cuenta, y yo le di la solicitud acostumbrada para que la llenara. Respondió de buen grado a algunas de las preguntas, pero se opuso rotundamente a responder a otras.

"Antes de empezar mi estudio de las relaciones humanas, yo habría dicho a este futuro cliente que si se negaba a dar la información al banco tendríamos que negarnos a aceptar su cuenta. Me avergüenza confesar que en el pasado hice muchas veces tal cosa. Naturalmente, un ultimátum como ése me daba la impresión de mi importancia. Demostraba que yo era el que mandaba y que no se podían desobedecer las reglas del banco. Pero esa actitud no causaba por cierto una sensación de bienvenida ni de importancia al hombre que entraba a confiarnos sus depósitos.

"Esa mañana resolví emplear el sentido común. Decidí no hablar de lo que quería el banco sino de lo que quería el cliente. Y, sobre todo, resolví lograr que me dijera 'sí, sí' desde un principio. Convine con él, pues. Le dije que la información que se negaba a dar no era absolutamente necesaria.

"—Pero —agregué— supóngase que al morir tiene usted dinero en este banco. ¿No le gustaría que lo transfiriéramos a su pariente más cercano, que tiene derecho a ese dinero según la ley?

"—Sí, es claro.

"—¿No le parece, pues, que sería una buena idea darnos el nombre de su pariente más cercano para que, en el caso de morir usted, podamos cumplir sus deseos sin errores ni retrasos?

"—Sí —dijo otra vez el hombre.

"Se suavizó y cambió la actitud del cliente cuando comprendió que no pedíamos la información para beneficio del banco sino para el suyo. Antes de retirarse, este joven no solamente me dio una información completa sino que, por indicación mía, abrió una cuenta auxiliar por la cual designaba a su madre como beneficiaria de sus depósitos en caso de muerte, y respondió con presteza a todas las preguntas relativas a su madre.

"Comprobé que al hacerle decir 'sí, sí' desde un comienzo, le había hecho olvidar la cuestión principal y responder complacido todas las cosas que yo quería."

"Había en mi territorio un hombre a quien nuestra compañía deseaba vender motores —nos contaba otra vez el señor Joseph Allison, vendedor de la Westing-House—. Mi predecesor lo había visitado durante diez años sin conseguir nada. Cuando yo me hice cargo del territorio seguí insistiendo durante tres años sin lograr nada. Por fin, al cabo de trece años de visitas y esfuerzos, conseguimos venderle unos pocos motores. Yo tenía la seguridad de que si esos motores daban buen resultado nos compraría varios centenares. Éstas eran mis esperanzas.

"Yo sabía que los motores darían resultado, de modo

que cuando lo visité, tres semanas más tarde, iba encantado de la vida.

"Pero no me duró mucho el entusiasmo, porque el jefe de mecánicos de la fábrica me recibió con este sorprendente anuncio:

"—Allison, no puedo comprarle más motores.

"—¿Por qué? —inquirí atónito.

"—Porque esos motores recalientan mucho. No se los puede ni tocar.

"Yo sabía que de nada serviría discutir. Muchas veces lo había intentado infructuosamente. Pensé, pues, en obtener por respuesta 'sí, sí'.

"—Bien —dije—. Escuche, Sr. Smith: estoy en un todo de acuerdo con usted. Si esos motores recalientan demasiado, no debe comprarnos más. Debe tener motores que no se recalientan más de lo establecido por los reglamentos de la Asociación Nacional de Fabricantes Eléctricos. ¿No es así?

"Advirtió que era así. Ya había obtenido mi primer 'sí'.

"—La Asociación de Fabricantes Eléctricos dice en sus estipulaciones que un motor debidamente construido puede tener una temperatura de 72 grados Fahrenheit sobre la temperatura ambiente. ¿Es así?

"Sí —convino—. Es así. Pero sus motores recalientan mucho más.

"No discutí con él. Sólo le pregunté:

"—¿Qué temperatura hay en la sala de los motores?

"—Ah —dijo—, unos 75 grados Fahrenheit.

"—Bien. Si la sala está a 75 grados, y usted le agrega 72, se llega a un total de 147 grados Fahrenheit. ¿No se quemaría la mano si la pusiera usted bajo un chorro de agua caliente, a un temperatura de 147 grados Fahrenheit?

"Otra vez se vio obligado a responder afirmativamente.

"—¿No sería una buena idea, pues, no poner la mano en esos motores?

"—Sí —me respondió—. Creo que usted tiene razón.

"Continuamos un rato la conversación, y por fin mi interlocutor llamó a su secretario y concluyó conmigo un nuevo negocio para el mes siguiente.

"Necesité años de tiempo y mucho dinero en negocios perdidos antes de aprender que discutir no da beneficios, que es mucho más provechoso e interesante mirar las cosas desde el punto de vista del interlocutor, y hacerle decir 'sí, sí' desde un principio."

Eddie Snow, patrocinador de nuestros cursos en Oakland, California, cuenta cómo se volvió buen cliente de un negocio sólo porque el propietario logró hacerle decir "sí, sí". Eddie se había interesado en la caza con arco y flecha, y había gastado bastante dinero en la compra de equipo en un negocio de artículos deportivos. En una ocasión en que su hermano fue a visitarlo, quiso llevarlo de caza con él, trató de alquilar un arco en este mismo negocio. El empleado que atendió a su llamado telefónico le respondió, sin más, que no alquilaban arcos. De modo que Eddie llamó a otro negocio. He aquí su relato de lo que pasó:

—Me respondió un caballero muy agradable. Su respuesta a mi pedido de alquiler fue totalmente diferente a la que había recibido en el otro negocio. Me dijo que lamentablemente ya no alquilaban más arcos, porque no les resultaba rentable. Después me preguntó si yo había alquilado alguna vez un arco. Le dije que sí, que lo había hecho años atrás. Me recordó que probablemente yo habría pagado entre 25 y 30 dólares por el alquiler. Volví a decir que sí. Entonces me preguntó si yo era de la clase de personas a las que les agrada ahorrar dinero. Naturalmente, respondí que sí. Me explicó que tenían equipos de arcos con todos los extras en venta por 34,95 dólares. Yo podía comprarme un equipo por sólo 4,95 más que lo que me costaría alquilarlo. Me explicó que ése era el motivo por el que habían dejado de alquilar. ¿No me parecía razonable? Mi respuesta, que volvió a ser afirmativa, llevó a mi adquisición de un equipo, y cuando fui al local a retirarlo le compré varios elementos más, y desde entonces he seguido siendo cliente suyo."

Sócrates, "el tábano de Atenas", fue uno de los más grandes filósofos que haya habido. Hizo algo que sólo un puñado de hombres han podido lograr en toda la historia:

cambió radicalmente todo el curso del pensamiento humano, y ahora, veinticuatro siglos después de su muerte, se lo honra como a uno de los hombres más hábiles para persuadir a los demás.

¿Sus métodos? ¿Decía a los demás que se equivocaban? Oh, no. Era demasiado sagaz para eso. Toda su técnica, llamada ahora "método socrático", se basaba en obtener una respuesta de "sí, sí". Hacía preguntas con las cuales tenía que convenir su interlocutor. Seguía ganando una afirmación tras otra, hasta que tenía una cantidad de "sí" a su favor. Seguía preguntando, hasta que por fin, casi sin darse cuenta, su adversario se veía llegando a una conclusión que pocos minutos antes habría rechazado enérgicamente.

La próxima vez que deseemos decir a alguien que se equivoca, recordemos al viejo Sócrates y hagamos una pregunta amable, una pregunta que produzca la respuesta: "Sí, sí".

Los chinos tienen un proverbio lleno de la vieja sabiduría oriental: "Quien pisa con suavidad va lejos".

Estos chinos, tan cultos, han pasado cinco mil años estudiando la naturaleza humana, y han empleado en ello mucha perspicacia: "Quien pisa con suavidad va lejos".

Consiga que la otra persona diga "sí, sí"
inmediatamente.

16

CÓMO OBTENER COOPERACIÓN

¿No tiene usted más fe en las ideas que usted mismo descubre que en aquellas que se le sirven en bandeja de plata? Si es así, ¿no demuestra un error de juicio al tratar que los demás acepten a toda fuerza las opiniones que usted sustenta? ¿No sería más sagaz hacer sugestiones y dejar que los demás lleguen por sí solos a la conclusión?

El Sr. Adolph Seltz, de Filadelfia, estudiante en uno de mis cursos, se vio de pronto ante la necesidad de inyectar entusiasmo a un grupo de vendedores de automóviles, desalentados y desorganizados. Los convocó a una reunión y los instó a decirle con claridad qué esperaban de él. A medida que hablaba, el Sr. Seltz iba escribiendo sus ideas en un pizarrón. Finalmente dijo: "Yo voy a hacer todo lo que ustedes esperan de mí. Ahora quiero que me digan qué tengo derecho a esperar de ustedes". Las respuestas fueron rápidas: lealtad, honestidad, iniciativa, optimismo, trabajo de consumo, ocho horas por día de labor entusiasta. Un hombre se ofreció para trabajar catorce horas por día. La reunión terminó con una nueva valentía, una nueva inspiración, en todos los presentes, y el Sr. Seltz me informó luego que el aumento de ventas fue fenomenal.

"Estos vendedores —concluyó Seltz— hicieron una especie de pacto moral conmigo, y mientras yo cumpliera con mi parte ellos estaban decididos a cumplir con la suya. Consultarles sobre sus deseos era el aliciente que necesitaban."

A nadie agrada sentir que se le quiere obligar a que compre o haga una cosa determinada. Todos preferimos creer que compramos lo que se nos antoja y aplicamos nuestras ideas. Nos gusta que se nos consulte acerca de nuestros deseos, nuestras necesidades, nuestras ideas. Tomemos, por ejemplo, el caso de Eugene Wesson. Perdió incontables millares de dólares en comisiones antes de aprender esta verdad. El Sr. Wesson vendía dibujos para un estudio que crea diseños para estilistas y para fábricas textiles. Wesson venía visitando una vez por semana, durante tres años, a uno de los principales estilistas de modas en Nueva York. "Nunca se negaba a verme —contaba Wesson— pero jamás me compraba nada. Miraba siempre con mucho cuidado mis dibujos y luego los rechazaba."

Después de ciento cincuenta fracasos, Wesson comprendió que debía de estar en una especie de estancamiento mental, y resolvió dedicar una noche por semana al estudio de la forma de influir en el comportamiento humano, y a desarrollar nuevas ideas y generar nuevos entusiasmos.

Por fin se resolvió a probar una nueva manera de actuar. Recogió media docena de dibujos sin terminar, en que estaban trabajando todavía los artistas, y fue con ellos a la oficina del comprador en perspectiva.

—Quiero —le dijo— que me haga usted un favor, si es que puede. Aquí traigo algunos dibujos sin terminar. ¿No quiere usted tener la gentileza de decirnos cómo podríamos terminarlos de manera que le sirvan?

El comprador miró los dibujos un buen rato, sin hablar, y por fin manifestó:

—Déjelos unos días, Wesson, y vuelva a verme.

Wesson regresó tres días más tarde, recibió las indicaciones del cliente, volvió con los dibujos al estudio y los hizo terminar de acuerdo con las ideas del comprador. ¿El resultado? Todos aceptados.

Desde entonces el mismo comprador ha ordenado muchos otros dibujos, trazados todos de conformidad con sus ideas.

"Ahora comprendo —nos refería el Sr. Wesson— por qué durante años no conseguí vender un solo diseño a este comprador. Le recomendaba que comprara lo que se me ocurría que debía comprar. Ahora hago todo lo contrario. Le pido que me dé sus ideas, y él cree que los dibujos son de su creación, como es cierto. Ahora no tengo que esforzarme por venderle nada. Él compra solo."

Dejar que la otra persona sienta que la idea es suya no sólo funciona en los negocios o la política, sino también en la vida familiar. Paul M. Davis, de Tulsa, Oklahoma, le contó a su clase cómo aplicaba este principio.

—Mi familia y yo pasamos una de las vacaciones más interesantes que hayamos tenido. Yo soñaba desde hacía mucho tiempo con visitar sitios históricos como el campo de batalla de Gettysburg, el Salón de la Independencia en Filadelfia, y la capital de la nación. En la lista de cosas que quería ver figuraban en lugar preeminente el Valle Forge, Jamestown y la aldea colonial restaurada de Williamsburg.

"En marzo mi esposa Nancy dijo que tenía ciertas ideas para nuestras vacaciones de verano, que incluían una gira por los estados del oeste, visitando puntos de interés en Nuevo México, Arizona, California y Nevada. Hacía años que quería realizar este viaje. Obviamente, no podíamos satisfacer ambos deseos.

"Nuestra hija Anne terminaba de hacer un curso en la secundaria sobre historia nacional, y se había interesado mucho en los hechos que conformaron el crecimiento de nuestro país. Le pregunté si le gustaría visitar los sitios sobre los que había estado estudiando, en nuestras próximas vacaciones. Dijo que le encantaría hacerlo.

"Dos noches después, esperando la cena, Nancy anunció que si todos estábamos de acuerdo, en las vacaciones de verano haríamos un viaje por los estados del este, lo que sería instructivo para Anne e interesante para todos nosotros. No hubo objeciones."

Esta misma psicología fue utilizada por un fabricante de aparatos de rayos X para vender su equipo a uno de los más grandes hospitales de Brooklyn. Este hospital iba a construir un nuevo pabellón y se disponía a equiparlo con el mejor consultorio de rayos X que hubiera en el país. El Dr. L., a cargo del departamento de rayos, se veía abrumado por vendedores que defendían entrañablemente las ventajas de sus respectivos equipos. Pero un fabricante fue más hábil que los demás. Sabía más acerca de la forma de tratar con las personas. Escribió al Dr. L. una carta concebida más o menos en estos términos:

Nuestra fábrica ha completado recientemente una serie de aparatos de rayos X. La primera partida de estas máquinas acaba de llegar a nuestros salones de venta. No son perfectas. Lo sabemos y queremos mejorarlas. Nos sentiríamos profundamente agradecidos a usted si pudiera dedicarnos el tiempo necesario para estudiar estos aparatos y darnos sus impresiones acerca de la forma en que pueden ser más útiles a su profesión. Sabiendo lo ocupado que está usted, me complacerá enviarle mi automóvil a buscarlo, a la hora que usted decida.

"Me sorprendió recibir aquella carta —dijo el Dr. L., al relatar este incidente ante nuestra clase—. Quedé sorprendido y halagado. Jamás un fabricante de aparatos de rayos X me había pedido consejo. Me sentí importante. Estaba ocupado, tan ocupado que no tenía libre una sola noche de aquella semana, pero dejé sin efecto un compromiso para una comida, a fin de revisar aquellos aparatos. Cuanto más los estudiaba, tanto más descubría, por mi propia cuenta, que me gustaban mucho.

"Nadie había tratado de vendérmelos. Consideré que la idea de comprar aquel equipo era mía, solamente mía. Yo mismo me convencí de su superior calidad y ordené que fuera instalado en el hospital."

Ralph Waldo Emerson, en su ensayo "Autodependencia", dijo: "En todo trabajo de genio reconocemos nuestras propias ideas desechadas: vuelven a nosotros con cierta majestad ajena".

El coronel Edward H. House tenía una enorme influencia en los asuntos nacionales e internacionales cuando Woodrow Wilson ocupaba la Casa Blanca. Wilson recurría al coronel House para pedirle consejos y ayuda en secreto, más que a cualquier otra persona, sin exceptuar los miembros de su gabinete.

¿Qué método empleaba el coronel para influir sobre el presidente? Afortunadamente, lo sabemos, porque el mismo House lo reveló a Arthur D. Howden Smith, quien lo refirió en un artículo aparecido en el diario *The Saturday Evening Post*.

"Una vez que llegué a conocer bien al presidente —relató House— supe que el mejor medio para convertirlo a cualquier idea era dársela a conocer como al pasar, pero interesándolo en ella, de modo de hacerle pensar en esa idea por su propia cuenta. La primera vez que utilicé este sistema fue por accidente. Yo lo había visitado en la Casa Blanca, y recomendado una política que él parecía rechazar. Pero unos días después, en una comida, me sorprendió oírle proponer mi indicación como si fuera de él."

House no lo interrumpió para decirle: "Esa idea no es suya. Es mía". No; House no iba a hacer tal cosa. Era demasiado diestro para hacerlo. No le interesaba darse importancia, quería resultados. Por eso dejó que Wilson siguiera creyendo que la idea era suya. Aun más; anunció públicamente que Wilson era el autor de esas ideas.

Recordemos que las personas con quienes entraremos mañana en contacto serán por lo menos tan humanas como Woodrow Wilson. Utilicemos, pues, la técnica del coronel House.

Un hombre de la hermosa provincia canadiense de Nueva Brunswick utilizó esta técnica conmigo hace algún tiempo y me ganó como cliente. Por aquel entonces yo pensaba hacer una excursión de pesca y de remo por Nueva Brunswick. Escribí a la oficina de turismo para pedir información. Mi nombre y dirección, evidentemente, aparecieron en una lista pública, porque me vi inmediatamente asediado por cartas y folletos y revistas de campamentos y guías para veraneantes. Yo estaba atónito. No sabia cuál elegir. Pero el dueño de uno de los campamentos hizo algo muy hábil. Me envió los nombres y números telefónicos de varias personas de Nueva York que habían ido a su campamento, y me invitó a descubrir por mi cuenta qué me podía ofrecer. Con gran sorpresa vi que conocía a un hombre que figuraba en la lista. Le hablé por teléfono, supe cuál había sido su experiencia en el campamento, y luego telegrafié al dueño la fecha de mi llegada. Los demás habían tratado de convencerme, pero este hombre no: éste me dejó que yo decidiera. Y fue quien ganó.

Hace veinticinco siglos el sabio chino Lao-Tse dijo ciertas cosas que los lectores de este libro podrían utilizar hoy: "La razón por la cual los ríos y los mares reciben el homenaje de cien torrentes de la montaña es que se mantienen por debajo de ellos. Así son capaces de reinar sobre todos los torrentes de la montaña. De igual modo, el sabio que desea estar por encima de los hombres se coloca debajo de ellos; el que quiere estar delante de ellos, se coloca detrás. De tal manera, aunque su lugar sea por encima de los hombres, éstos no sienten su peso; aunque su lugar sea delante de ellos, no lo toman como insulto."

Permita que la otra persona sienta
que la idea es de ella.

165

17

UN LLAMADO QUE GUSTA A TODOS

Yo me crié en el linde del país de Jesse James en Missouri, y he visitado la granja de los James, en Kearney, Missouri, donde vive todavía el hijo del bandolero. Su esposa me ha narrado cómo Jesse asaltaba trenes y bancos y luego daba el dinero a granjeros vecinos para que pagaran sus hipotecas. Jesse James se consideraba, probablemente, un idealista en el fondo, tal como pensaron por su parte Dutch Schultz, "Dos Pistolas" Crowley, Al Capone y muchos otros grupos de "Padrinos" del crimen organizado dos generaciones más tarde. Lo cierto es que todas las personas con quienes se encuentra usted —hasta la persona a quien ve en el espejo— tienen un alto concepto de ellas mismas, y quieren ser nobles y altruistas para su propio juicio.

J. Pierpont Morgan observó, en uno de sus interludios analíticos, que por lo común la gente tiene dos razones para hacer una cosa: una razón que parece buena y digna, y la otra, la verdadera razón.

Cada uno piensa en su razón verdadera. No hay necesidad de insistir en ello. Pero todos, como en el fondo somos idealistas, queremos pensar en los motivos que parecen buenos. Así pues, a fin de modificar a la gente, apelemos a sus motivos más nobles.

¿Es este sistema demasiado idealista para aplicarlo a los negocios? Veamos. Tomemos el caso de Hamilton J. Farrell, de la Farrell-Mitchell Company, de Glenolden, Pensilvania. El Sr. Farrell tenía un inquilino descontento,

166

que quería mudarse de casa. El contrato de alquiler debía seguir todavía durante cuatro meses; pero el inquilino comunicó que iba a dejar la casa inmediatamente, sin tener en cuenta el contrato.

"Aquella familia —dijo Farrell al relatar el episodio ante nuestra clase— había vivido en la casa durante el invierno entero, o sea la parte más costosa del año para nosotros, y yo sabía que sería difícil alquilar otra vez el departamento antes del otoño. Pensé en el dinero que perderíamos, y me enfurecí.

"Ordinariamente, yo habría ido a ver al inquilino para advertirle que leyera otra vez el contrato. Le habría señalado que, en el caso de dejar la casa, podríamos exigirle inmediatamente el pago de todo el resto de su alquiler, y que yo podría, y haría, los trámites necesarios para cobrar.

"Pero, en lugar de dejarme llevar por mis impulsos, decidí intentar otra táctica. Fui a verlo, y le hablé así:

"—Señor Fulano: he escuchado lo que tiene que decirme, y todavía no creo que se proponga usted mudarse. Los años que he pasado en este negocio me han enseñado algo acerca de la naturaleza humana, y desde un principio he pensado que usted es un hombre de palabra. Tan seguro estoy, que me hallo dispuesto a jugarle una apuesta. Escuche mi proposición. Postergue su decisión por unos días y piense bien en todo. Si, entre este momento y el primero de mes, cuando vence el alquiler, me dice usted que sigue decidido a mudarse, yo le doy mi palabra que aceptaré esa decisión como final. Le permitiré que se mude y admitiré que me he equivocado. Pero todavía creo que usted es un hombre de palabra y respetará el contrato. Porque, al fin y al cabo, somos hombres o monos, y nadie más que nosotros debe decidirlo.

"Bien: cuando llegó el mes siguiente, este caballero fue a pagarnos personalmente el alquiler. Dijo que había conversado con su esposa... y decidido quedarse en el departamento. Habían llegado a la conclusión de que lo único honorable era respetar el contrato."

Cuando el extinto Lord Northcliffe veía en un diario

una fotografía suya que no quería que se publicara, escribía una carta al director. Pero no le decía: "Por favor, no publique más esa fotografía, pues no me gusta". No señor, apelaba a un motivo más noble. Apelaba al respeto y al amor que todos tenemos por la madre. Escribía así: "Le ruego que no vuelva a publicar esa fotografía mía. *A mi madre* no le gusta".

Cuando John D. Rockefeller, hijo, quiso que los fotógrafos de diarios no obtuvieran instantáneas de sus hijos, también apeló a los motivos más nobles. No dijo: "Yo no quiero que se publiquen sus fotografías". No; apeló al deseo, que todos tenemos en el fondo, de abstenernos de hacer daño a los niños. Así, pues, les dijo: "Ustedes saben cómo son estas cosas. Algunos de ustedes también tienen hijos. Y saben que no hace bien a los niños gozar de demasiada publicidad".

Cuando Cyrus H. K. Curtis, el pobre niño de Maine, iniciaba su meteórica carrera que lo iba a llevar a ganar millones como propietario del diario *The Saturday Evening Post* y de *Ladies' Home Journal,* no podía allanarse a pagar el precio que pagaban otras revistas por las contribuciones. No podía contratar autores de primera categoría. Por eso apeló a los motivos más nobles. Por ejemplo, persuadió hasta a Louisa May Alcott, la inmortal autora de *Mujercitas,* de que escribiera para sus revistas, cuando la Srta. Alcott estaba en lo más alto de su fama; y lo consiguió ofreciéndole un cheque de cien dólares, no para ella, sino para una institución de caridad.

Tal vez diga aquí el escéptico: "Sí, eso está muy bien para Northcliffe o Rockefeller o una novelista sentimental. Pero, ya querría ver este método con la gente a quienes tengo que cobrar cuentas".

Quizá sea así. Nada hay que dé resultado en todos los casos, con todas las personas. Si está usted satisfecho con los resultados que logra, ¿a qué cambiar? Si no está satisfecho, ¿por qué no hace la prueba?

De todos modos, creo que le agradará leer este relato veraz, narrado por James L. Thomas, ex estudiante mío:

Seis clientes de cierta compañía de automóviles se negaban a pagar sus cuentas por servicios prestados por la compañía. Ningún cliente protestaba por la cuenta total, pero cada uno sostenía que algún renglón estaba mal acreditado. En todos los casos los clientes habían firmado su conformidad por los trabajos realizados, de modo que la compañía sabía que tenía razón, y lo *decía*. Ése fue el primer error.

Veamos los pasos que dieron los empleados del departamento de créditos para cobrar esas cuentas ya vencidas. ¿Cree usted que consiguieron algo?

1. Visitaron a cada cliente y le dijeron redondamente que habían ido a cobrar una cuenta vencida hacía mucho tiempo.
2. Dijeron con mucha claridad que la compañía estaba absoluta e incondicionalmente en lo cierto; por lo tanto, el cliente estaba absoluta e incondicionalmente equivocado.
3. Dieron a entender que la compañía sabía de automóviles mucho más de lo que el cliente podría aprender jamás. ¿Cómo iba a discutir entonces el cliente?
4. Resultado: discusiones.

¿Se consiguió, con estos métodos, apaciguar al cliente y arreglar la cuenta? No hay necesidad de que respondamos.

Cuando se había llegado a tal estado de cosas, el gerente de créditos estaba por encargarle el problema a un batallón de abogados, pero afortunadamente el caso pasó a consideración del gerente general, quien investigó debidamente y descubrió que todos los clientes en mora tenía la reputación de pagar puntualmente sus cuentas. Había, pues, un error, un error tremendo en el método de cobranza. Llamó entonces a James L. Thomas y le encargó que cobrara esas cuentas incobrables.

Veamos los pasos que dio el Sr. Thomas, según sus mismas palabras:

"Mi visita a cada cliente fue también con el fin de cobrar una cuenta, que debía haber pagado mucho tiempo antes, y que nosotros sabíamos era una cuenta justa. Pero yo no dije nada de esto. Expliqué que iba a descubrir qué había hecho de malo, o qué no había hecho la compañía. "Aclaré que, hasta después de escuchar la versión del cliente, yo no podía ofrecer una opinión. Le dije que la compañía no pretendía ser infalible.

"Le dije que sólo me interesaba su automóvil, y que él sabía de su automóvil más que cualquier otra persona; que él era la autoridad sobre este tema.

"Lo dejé hablar, y lo escuché con todo el interés y la simpatía que él deseaba y esperaba.

"Finalmente, cuando el cliente estuvo con ánimo razonable, apelé a su sentido de la decencia. Apelé a los motivos más nobles. Le dije así: —Primero, quiero que sepa que esta cuestión ha sido mal llevada. Se lo ha molestado e incomodado e irritado con las visitas de nuestros representantes. Nunca debió procederse así. Lo lamento y, como representante de la compañía, le pido disculpas. Al escuchar ahora su versión no he podido menos que impresionarme por su rectitud y su paciencia. Y ahora, como usted es ecuánime y paciente, voy a pedirle que haga algo por mí. Es algo que usted puede hacer mejor que cualquiera, porque usted sabe más que cualquiera. Aquí está su cuenta. Sé que no me arriesgo al pedirle que la ajuste, como lo haría si fuera el presidente de mi compañía. Dejo todo en sus manos. Lo que usted decida se hará.

"¿Pagó la cuenta? Claro que sí, y muy complacido quedó al hacerlo. Las cuentas oscilaban entre 150 y 400 dólares, y ¿se aprovecharon los clientes? Sí, uno de ellos se negó a pagar un centavo del renglón protestado, pero los otros cinco pagaron todo lo que decía la compañía. Y lo mejor del caso es que en los dos años siguientes entregamos automóviles nuevos a los seis clientes, encantados ahora de tratar con nosotros."

"La experiencia me ha enseñado —dijo el Sr. Thomas finalmente— que, cuando no se puede obtener un informe exacto acerca del cliente, la única base sobre la cual se puede proceder es la de presumir que es una persona sincera, honrada, veraz, deseosa de pagar sus cuentas, una vez convencida de que las cuentas son exactas. En otras palabras, más claras quizá, la gente es honrada y quiere responder a sus obligaciones. Las excepciones de esta regla son comparativamente escasas, y yo estoy convencido de que el individuo inclinado a regatear reaccionará favorablemente en casi todos los casos si se le hace sentir que se lo considera una persona honrada, recta y justa."

Apele a los motivos más nobles.

CUARTA PARTE

Sea un líder:
logre cambiar a los demás sin ofenderlos ni despertar resentimientos

Si nosotros intentamos "Cambiar a los demás sin ofenderlos ni despertar resentimientos", debemos empezar por una actitud de respeto y aceptación de la *persona*. Su respuesta dependerá de nuestra actitud.

18

CÓMO CRITICAR Y NO SER ODIADO POR ELLO

Charles Schwab pasaba por uno de sus talleres metalúrgicos, un mediodía, cuando se encontró con algunos empleados fumando. Tenían sobre las cabezas un gran letrero que decía: "Prohibido fumar". Pero Schwab no señaló el letrero preguntando: "¿No saben leer?" No, señor. Se acercó a los hombres, entregó a cada uno un cigarro y dijo: "Les agradeceré mucho, amigos, que fumen éstos afuera". Ellos no ignoraban que él sabía que habían desobedecido una regla, y lo admiraron porque no decía nada al respecto, les obsequiaba y los hacía sentir importantes. No se puede menos que querer a un hombre así, ¿verdad?

John Wanamaker empleaba la misma táctica. Todos los días solía efectuar una gira por su gran tienda de Filadelfia. Una vez vio a una cliente que esperaba junto a un mostrador. Nadie le prestaba la menor atención. ¿Los vendedores? Estaban reunidos en un grupo al otro extremo del mostrador, conversando y riendo. Wanamaker no dijo una palabra. Se colocó detrás del mostrador, atendió personalmente a la mujer y después entregó su compra a los vendedores, para que la hicieran envolver, y siguió su camino.

A los funcionarios públicos se los suele criticar por no mostrarse accesibles a sus votantes. Son gente ocupada, y el defecto suele estar en empleados sobreprotectores que no quieren recargar a sus jefes con un exceso de visitantes. Carl Langford, que fue alcalde de Orlando, Florida, donde se encuentra Disney World, durante muchos años

175

insistió en que su personal permitiera que la gente que fuera a verlo pudiera hacerlo. Decía tener una política de "puertas abiertas", y aun así los ciudadanos de su comunidad se veían bloqueados por secretarias y empleados cada vez que querían verlo. Al fin el alcalde encontró una solución. ¡Sacó la puerta de su oficina! Sus ayudantes comprendieron el mensaje, y el alcalde tuvo una administración realmente abierta al público desde que derribó simbólicamente la puerta.

El mero cambio de una pequeña palabra puede representar la diferencia entre el triunfo y el fracaso en cambiar a una persona sin ofenderla o crear resentimientos.

Muchos creen eficaz iniciar cualquier crítica con un sincero elogio seguido de la palabra "pero" y a continuación la crítica. Por ejemplo, si se desea cambiar la actitud descuidada de un niño respecto de sus estudios, podemos decir: "Estamos realmente orgullosos de ti, Johnnie, por haber mejorado tus notas este mes. *Pero* si te hubieras esforzado más en álgebra, los resultados habrían sido mejores todavía".

Johnnie se sentirá feliz hasta el momento de oír la palabra "pero".

En ese momento cuestionará la sinceridad del elogio, que le parecerá un truco para poder pasar de contrabando la crítica. La credibilidad sufrirá, y probablemente no lograremos nuestro objetivo de cambiar la actitud de Johnnie hacia sus estudios.

Esto podría evitarse cambiando la palabra *pero* por *y*: "Estamos realmente orgullosos de ti, Johnnie, por haber mejorado tus notas este mes, y si sigues esforzándote podrás subir las notas de álgebra al nivel de los demás".

Ahora sí Johnnie podrá aceptar el elogio porque no hubo un seguimiento con crítica. Le hemos llamado indirectamente la atención sobre la conducta que queríamos cambiar, y lo más seguro es que se adecuará a nuestras expectativas.

Llamar la atención indirectamente sobre los errores obra maravillas sobre personas sensibles que pueden resentirse ante una crítica directa. Marge Jacob, de Woondocket,

Rhode Island, contó en una de nuestras clases cómo convenció a unos desprolijos obreros de la construcción de que hicieran la limpieza al terminar el trabajo mientras construían una adición en su casa. Durante los primeros días de trabajo, cuando la señora Jacob volvía de su oficina, notaba que el patio estaba cubierto de fragmentos de madera. No quería ganarse la enemistad de los obreros, que por lo demás hacían un trabajo excelente. De modo que cuando se marcharon, ella y sus hijos recogieron y apilaron todos los restos de madera en un rincón. A la mañana siguiente llamó aparte al capataz y le dijo:

—Estoy realmente contenta por el modo en que dejaron el patio anoche; así de limpio y ordenado, no molestará a los vecinos.

Desde ese día, los obreros recogieron y apilaron los restos de madera, y el capataz se acercaba todos los días a la dueña de casa buscando aprobación por el orden que habían hecho el día anterior.

Una de las áreas de controversia más áspera entre los miembros de la Reserva de las Fuerzas Armadas y los oficiales regulares, es el corte de pelo. Los reservistas se consideran civiles (cosa que son la mayor parte del tiempo), y no les agrada tener que hacerse un corte militar.

El Sargento Harley Kaiser, de la Escuela Militar 542, se vio ante este problema al trabajar con un grupo de oficiales de la reserva sin destinos. Como veterano sargento, lo normal en él habría sido aullarle a las tropas, y amenazarlas. En lugar de eso, prefirió utilizar un enfoque indirecto.

"Caballeros —comenzó—: ustedes son líderes. Y el modo más eficaz de practicar el liderazgo, es hacerlo mediante el ejemplo. Ustedes deben ser un ejemplo que sus hombres quieran seguir. Todos saben lo que dicen los Reglamentos del Ejército sobre el corte de pelo. Yo me haré cortar el cabello hoy, aunque lo tengo mucho más corto que algunos de ustedes. Mírense al espejo, y si sienten que necesitan un corte para ser un buen ejemplo, nos haremos tiempo para que hagan una visita al peluquero."

El resultado fue predecible. Varios de los candidatos se miraron al espejo y fueron a la peluquería esa tarde y se hicieron un corte "de reglamento". A la mañana siguiente el Sargento Kaiser comentó que ya podía ver el desarrollo de las cualidades de liderazgo en algunos miembros del escuadrón.

El 8 de marzo de 1887 murió el elocuente Henry Ward Beecher. Al domingo siguiente, Lyman Abbott fue invitado a hablar desde el púlpito vacante por el deceso de Beecher. Ansioso de causar buena impresión, Abbott escribió, corrigió y pulió su sermón con el minucioso cuidado de un Flaubert. Después lo leyó a su esposa. Era pobre, como lo son casi todos los discursos escritos. La esposa, si hubiera tenido menos cordura, podría haber dicho: "Lyman, eso es horrible. No sirve para nada. Harás dormir a los fieles. Parece un artículo de una enciclopedia. Al cabo de tantos años de predicar, ya deberías saber de estas cosas. Por Dios, ¿por qué no hablas como un ser humano? ¿Por qué no eres natural? No vayas a leer ese discurso".

Eso es lo que pudo decirle. Y si así hubiera hecho, ya se sabe lo que habría ocurrido. Y ella también lo sabía. Por eso se limitó a señalar que aquel discurso podría servir como un excelente artículo para una revista literaria. En otras palabras, lo ensalzó y al mismo tiempo sugirió sutilmente que como discurso no servía. Lyman Abbott comprendió la indicación, desgarró el manuscrito tan cuidadosamente preparado, y predicó sin utilizar notas siquiera.

Una eficaz manera de corregir los errores de los demás es...

Llame la atención sobre los errores de los
demás indirectamente.

19

HABLE PRIMERO DE SUS PROPIOS ERRORES

Mi sobrina, Josephine Carnegie, había venido a Nueva York para trabajar como secretaria mía. Tenía 19 años, se había recibido tres años antes en la escuela secundaria, y su experiencia de trabajo era apenas superior a cero. Hoy es una de las más perfectas secretarias del mundo; pero en los comienzos era... bueno, susceptible de mejorar. Un día en que empecé a criticarla, reflexioné: "Un minuto, Dale Carnegie; espera un minuto. Eres dos veces mayor que Josephine. Has tenido diez mil veces más experiencia que ella en estas cosas. ¿Cómo puedes esperar que ella tenga tus puntos de vista, tu juicio, tu iniciativa, aunque sean mediocres? Y, otro minuto, Dale; ¿qué hacías tú a los 19 años? ¿No recuerdas los errores de borrico, los disparates de tonto que hacías? ¿No recuerdas cuando hiciste esto... y aquello...?"

Después de pensar un momento, honesta e imparcialmente llegué a la conclusión de que el comportamiento de Josephine a los diecinueve años era mejor que el mío a la misma edad, y lamento confesar que con ello no hacía un gran elogio a Josephine.

Desde entonces, cada vez que quería señalar un error a Josephine, solía comenzar diciendo: "Has cometido un error, Josephine, pero bien sabe Dios que no es peor que muchos de los que he hecho. No has nacido con juicio, como pasa con todos. El juicio llega con la experiencia, y eres mejor de lo que era yo a tu edad. Yo he cometido tantas barrabasadas que me siento muy poco inclinado a censurarte. Pero, ¿no te parece que habría sido mejor hacer esto de tal o cual manera?"

No es tan difícil escuchar una relación de los defectos propios si el que la hace empieza admitiendo humildemente que también él está lejos de la perfección. E. G. Dillistone, un ingeniero de Brandon, Manitoba, Canadá, tenía problemas con su nueva secretaria. Las cartas que le dictaba llegaban a su escritorio para ser firmadas con dos o tres errores de ortografía por página. El señor Dillistone nos contó cómo manejó el problema: "Como muchos ingenieros, no me he destacado por la excelencia de mi redacción u ortografía. Durante años he usado una pequeña libreta alfabetizada donde anotaba el modo correcto de escribir ciertas palabras. Cuando se hizo evidente que el mero hecho de señalarle a mi secretaria sus errores no la haría consultar más el diccionario, decidí proceder de otro modo. En la próxima carta donde vi errores, fui a su escritorio y le dije:

"—No sé por qué, pero esta palabra no me parece bien escrita. Es una de esas palabras con las que siempre he tenido problemas. Es por eso que confeccioné este pequeño diccionario casero. —Abrí la libreta en la página correspondiente.— Sí, aquí está cómo se escribe. Yo tengo mucho cuidado con la ortografía, porque la gente nos juzga por lo que escribimos, y un error de ortografía puede hacernos parecer menos profesionales.

"No sé si habrá copiado mi sistema, pero desde esa conversación la frecuencia de sus errores ortográficos ha disminuido significativamente."

El culto príncipe Bernhard von Bülow aprendió la gran necesidad de proceder así, allá por 1909. Von Bülow era entonces canciller imperial de Alemania, y el trono estaba ocupado por Guillermo II, Guillermo el altanero, Guillermo el arrogante, Guillermo el último kaiser de Alemania, empeñado en construir una flota y un ejército que, se envanecía él, serían superiores a todos.

Pero ocurrió una cosa asombrosa. El Kaiser pronunciaba frases, frases increíbles que conmovían al continente y daban origen a una serie de explosiones cuyos estampidos se oían en el mundo entero. Lo que es peor, el Kaiser hacía estos anuncios tontos, egoístas, absurdos, en público; los hizo siendo huésped de Inglaterra, y dio su permiso real para que se los publicara en el diario *Daily Telegraph*. Por ejemplo, declaró que era el único alemán que tenía simpatía por los ingleses; que estaba construyendo una flota contra la amenaza del Japón; que él, y sólo él, había salvado a Inglaterra de ser humillada en el polvo por Rusia y Francia; que su plan de campaña había permitido a Lord Roberts vencer a los bóers en África del Sur; y así por el estilo.

En cien años, ningún rey europeo había pronunciado palabras tan asombrosas. El continente entero zumbaba con la furia de un nido de avispas. Inglaterra estaba furiosa. Los estadistas alemanes, asustados. Y en medio de esta consternación, el Kaiser se asustó también y sugirió al príncipe von Bülow, el canciller imperial, que asumiera la culpa. Sí, quería que von Bülow anunciara que la responsabilidad era suya, que él había aconsejado al monarca decir tantas cosas increíbles.

—Pero Majestad —protestó von Bülow—, me parece imposible que una sola persona, en Alemania o Inglaterra, me crea capaz de aconsejar a Vuestra Majestad que diga tales cosas.

En cuanto hubo pronunciado estas palabras comprendió que había cometido un grave error. El Kaiser se enfureció.

—¡Me considera usted un borrico —gritó— capaz de hacer disparates que usted no habría cometido jamás!

Von Bülow sabía que debió elogiar antes de criticar; pero como ya era tarde, hizo lo único que le quedaba por remediar su error. Elogió después de haber criticado. Y obtuvo resultados milagrosos, como sucede tan a menudo.

—Lejos estoy de pensar eso —respondió respetuosamente—. Vuestra Majestad me supera en muchas cosas; no sólo, claro está, en conocimientos navales y militares, sino sobre todo en las ciencias naturales. A menudo he escuchado lleno de admiración cuando Vuestra Majestad explicaba el barómetro, la telegrafía o los rayos Roentgen. Me avergüenzo de mi ignorancia en todas las ramas de las ciencias naturales, no tengo una noción siquiera de la química o la física, y soy del todo incapaz de explicar el más sencillo de los fenómenos naturales. Pero, como compensación, poseo ciertos conocimientos históricos, y quizás ciertas cualidades que son útiles en la política, especialmente la diplomacia.

Sonrió encantado el Kaiser. Von Bülow lo había elogiado. Von Bülow lo había exaltado y se había humillado. El Kaiser podía perdonar cualquier cosa después de eso.

—¿No he dicho siempre —exclamó con entusiasmo— que nos complementamos espléndidamente? Debemos actuar siempre juntos, y así lo haremos.

Estrechó la mano a von Bülow, no una sino varias veces. Y ese mismo día estaba tan entusiasmado, que exclamó con los puños apretados:

—Si alguien me habla mal del príncipe von Bülow, le aplastaré la nariz de un puñetazo.

Von Bülow se salvó a tiempo pero, a pesar de ser un astuto diplomático, cometió un error; debió empezar hablando de sus defectos y de la superioridad de Guillermo, y no dando a entender que el Kaiser era un imbécil que necesitaba un alienista.

Si unas pocas frases para elogiar al prójimo y humillarse uno pueden convertir a un Kaiser altanero e insultado en un firme amigo, imaginemos lo que podemos conseguir con la humildad y los elogios en nuestros diarios contactos. Si se los utiliza con destreza, darán resultados verdaderamente milagrosos en las relaciones humanas.

Admitir los propios errores, aun cuando uno no los haya corregido, puede ayudar a convencer al otro de la conveniencia de cambiar su conducta. Esto lo ejemplificó Clarence Zerhusen, de Timonium, Maryland, cuando descubrió que su hijo de quince años estaba experimentando con cigarrillos.

"Naturalmente, no quería que David empezara a fumar —nos dijo el señor Zerhusen—, pero su madre y yo fumábamos; le estábamos dando constantemente un mal ejemplo. Le expliqué a David cómo empecé a fumar yo más o menos a su edad, y cómo la nicotina se había apoderado de mí y me había hecho imposible abandonarla. Le recordé lo irritante que era mi tos, y cómo él mismo había insistido para que yo abandonara el cigarrillo, pocos años antes.

"No lo exhorté a dejar de fumar ni lo amenacé o le advertí sobre los peligros. Todo lo que hice fue contarle cómo me había enviciado con el cigarrillo, y lo que había significado para mí.

"El muchacho lo pensó, y decidió que no fumaría hasta terminar la secundaria. Pasaron los años y David nunca empezó a fumar, y ya no lo hará nunca.

"Como resultado de esa misma conversación, yo tomé la decisión de dejar de fumar, y con el apoyo de mi familia lo he logrado."

Un buen líder sigue este principio:

Hable de sus propios errores antes de criticar los de los demás.

20

A NADIE LE AGRADA RECIBIR ÓRDENES

Tuve recientemente el placer de comer con la Srta. Ida Tarbell, decana de los biógrafos norteamericanos. Cuando le comuniqué que estaba escribiendo este libro, comenzamos a tratar el tema, tan importante, de llevarse bien con la gente, y me confió que cuando escribía su biografía de Owen D. Young entrevistó a un hombre que durante tres años trabajó en el mismo despacho que el Sr. Young. Este hombre declaró que en todo ese lapso no oyó jamás al Sr. Young dar una orden directa a nadie. Siempre daba indicaciones, no órdenes. Nunca decía, por ejemplo: "Haga esto o aquello", o "No haga esto" o "¿Le parece que aquello dará resultado?" Con frecuencia, después de dictar una carta, preguntaba: "¿Qué le parece esto?" Al revisar una carta de uno de sus ayudantes, solía insinuar: "Quizá si la corrigiéramos en este sentido sería mejor". Siempre daba a los demás una oportunidad de hacer una u otra cosa; los dejaba hacer, y los dejaba aprender a través de sus errores.

Una técnica así facilita a cualquiera la corrección de sus errores. Una técnica así salva el orgullo de cada uno y le da una sensación de importancia. Le hace querer cooperar en lugar de rebelarse.

El resentimiento provocado por una orden violenta puede durar mucho tiempo, aun cuando la orden haya sido dada para corregir una situación evidentemente mala. Dan Santarelli, maestro de una escuela vocacional en Wyoming, Pensilvania, contó en una de nuestras clases cómo un estudiante suyo había bloqueado la entrada a uno de los talleres de la escuela estacionando ilegalmente su auto enfrente. Uno de los otros instructores irrumpió en la clase y preguntó en tono arrogante:

—¿De quién es el auto que está bloqueando la entrada? —Cuando el estudiante dueño del auto respondió, el instructor le gritó: —Saque ese auto ya mismo, o iré yo y lo remolcaré muy lejos.

Es cierto que ese estudiante había actuado mal. No debía haber estacionado en ese lugar. Pero desde ese día no sólo ese estudiante odió al instructor, sino que todos los estudiantes de la clase hicieron todo lo que pudieron por darle problemas al instructor y hacerle las cosas difíciles. ¿Cómo se habría podido manejar el problema? Preguntando de modo amistoso: "¿De quién es el auto que está en la entrada?" y después sugiriendo que si se lo movía de ahí, podrían entrar y salir otros autos; el estudiante lo habría movido con gusto, y ni él ni sus compañeros habrían quedado molestos y resentidos.

Hacer preguntas no sólo vuelve más aceptables las órdenes, sino que con frecuencia estimula la creatividad de la persona a quien se le pregunta. Es más probable que la gente acepte con gusto una orden si ha tomado parte en la decisión de la cual emanó la orden.

Cuando Ian Macdonald, de Johannesburgo, Sudáfrica, gerente general de una pequeña fábrica especializada en partes de máquinas de precisión, tuvo la oportunidad de aceptar un pedido muy grande, estaba convencido de que no podría mantener la fecha prometida de entrega. El trabajo ya agendado en la fábrica y el plazo tan breve que se le daba para esta entrega hacían parecer imposible que aceptara el pedido.

En lugar de presionar a sus empleados para que aceleraran el trabajo, llamó a una reunión general, les explicó la situación y les dijo cuánto significaría para la compañía poder aceptar ese pedido. Después empezó a hacer preguntas:

—¿Hay algo que podamos hacer para entregar el pedido?

—¿A alguien se le ocurre una modificación en nuestro proceso de modo que podamos cumplir con el plazo?

—¿Habría algún modo de reordenar nuestros horarios que pueda ayudarnos?

Los empleados propusieron ideas, e insistieron en que se aceptara el pedido. Lo enfrentaron con una actitud de "Podemos hacerlo", y el pedido fue aceptado, producido y entregado a tiempo.

Un líder eficaz deberá...

Hacer preguntas en vez de dar órdenes.

21

PERMITA QUE LA OTRA PERSONA SALVE SU PRESTIGIO

Hace años, la General Electric Company se vio ante la delicada necesidad de retirar a Charles Steinmetz de la dirección de un departamento. Steinmetz, genio de primera magnitud en todo lo relativo a electricidad, era un fracaso como jefe del departamento de cálculos. Pero la compañía no quería ofenderlo. Era un hombre indispensable, y sumamente sensible. Se le dio, pues, un nuevo título. Se lo convirtió en Ingeniero Consultor de la General Electric Company —nuevo título para el trabajo que ya hacía— al mismo tiempo que se puso a otro hombre al frente del departamento.

Steinmetz quedó encantado. Y también los directores de la compañía. Habían maniobrado con su astro más temperamental, sin producir una tormenta, al dejarlo que salvara su prestigio.

¡Salvar el prestigio! ¡Cuán importante, cuán vitalmente importante es esto! ¡Y cuán pocos entre nosotros nos detenemos a pensarlo! Pisoteamos los sentimientos de los demás, para seguir nuestro camino, descubrimos defectos, proferimos amenazas, criticamos a un niño o a un empleado frente a los demás, sin pensar jamás que herimos el orgullo del prójimo. Y unos minutos de pensar, una o dos palabras de consideración, una comprensión auténtica de la actitud de la otra persona contribuirán poderosamente a aligerar la herida.

Recordemos esto la próxima vez que nos veamos en la desagradable necesidad de despedir a un empleado.

"Despedir empleados no es muy divertido. Ser despedido lo es menos todavía —dice una carta que me escribió Marshall A. Granger, contador público—. Nuestro negocio trabaja según las temporadas. Por lo tanto, tenemos que despedir a muchos empleados en marzo.

"En nuestra profesión es cosa ya sabida que a nadie le agrada ser el verdugo. Por consiguiente, se adoptó la costumbre de acabar lo antes posible, generalmente así:

"—Siéntese Sr. Fulano. Ha terminado la temporada y parece que ya no tenemos trabajo para usted. Claro está que usted sabía que lo íbamos a ocupar durante la temporada... etcétera.

"El efecto que se causaba en los empleados era de decepción, la sensación de que se los había 'dejado en la estacada'. Casi todos ellos eran contadores permanentes y no conservaban cariño alguno por una casa que los dejaba en la calle con tan pocas contemplaciones.

"Yo decidí hace poco despedir a nuestros empleados extraordinarios con un poco más de tacto y consideración. He llamado a cada uno a mi despacho, después de considerar cuidadosamente el trabajo rendido durante el invierno. Y les he dicho algo así:

"—Sr. Fulano, ha trabajado usted muy bien (si así ha sido). La vez que lo enviamos a Newark tuvo una misión difícil. No obstante, la cumplió usted con grandes resultados, y queremos hacerle saber que la casa se siente orgullosa de usted. Progresará mucho, dondequiera que trabaje. La casa cree en usted, y no queremos que lo olvide.

"El efecto obtenido es que los empleados despedidos se marchan con la sensación de que no se los 'deja en la estacada'. Saben que si tuviéramos trabajo para ellos los conservaríamos. Y cuando los necesitamos nuevamente, vienen con gran afecto personal."

En una sesión de nuestro curso, dos alumnos hablaron ejemplificando los aspectos negativos y positivos de permitir que la otra persona salve su prestigio.

Fred Clark, de Harrisburg, Pensilvania, contó un incidente que había tenido lugar en su compañía:

"En una de nuestras reuniones de producción, un vicepresidente le hacía preguntas muy insistentes a uno de nuestros supervisores de producción, respecto de un proceso determinado. Su tono de voz era agresivo, y se proponía demostrar fallas en la actuación de este supervisor. Como no quería quedar mal delante de sus compañeros, el supervisor era evasivo en sus respuestas. Esto hizo que el vicepresidente perdiera la paciencia, le gritara al supervisor y lo acusara de mentir.

"En unos pocos momentos se destruyó toda la buena relación de trabajo que hubiera podido existir antes del encuentro. A partir de ese momento este supervisor, que básicamente era un buen elemento, dejó de ser de toda utilidad para nuestra compañía. Pocos meses después abandonó nuestra firma y fue a trabajar para un competidor, donde según tengo entendido ha hecho una espléndida carrera."

Otro participante de la clase, Anna Mazzone, contó un incidente similar que había tenido lugar en su trabajo... ¡pero con qué diferente enfoque y resultados! La señorita Mazzone, especialista en mercado de una empresa empacadora de alimentos, recibió su primera tarea de importancia: la prueba de mercado de un producto nuevo. Le contó a la clase:

"Cuando llegaron los resultados de la prueba, me sentí morir. Había cometido un grave error en la planificación, y ahora toda la prueba tendría que volver a hacerse. Para empeorar las cosas, no tenía tiempo de exponerle la situación a mi jefe antes de la reunión de esa mañana, en la que debía informar de este proyecto.

"Cuando me llamaron para dar el informe, yo temblaba de pavor. Había hecho todo lo posible por no derrumbarme, pero resolví que no lloraría y no les daría ocasión a todos esos hombres de decir que las mujeres no pueden recibir tareas de responsabilidad por ser demasiado emocionales. Di un informe muy breve, diciendo que debido a un error tendría que repetir todo el estudio, cosa que haría antes de la próxima reunión. Me senté, esperando que mi jefe estallara.

"Pero no lo hizo: me agradeció mi trabajo y observó

189

que no era infrecuente que alguien cometiera un error la primera vez que se le asignaba una tarea de importancia, y que confiaba en que el informe final sería correcto y útil para la compañía. Me aseguró, delante de todos mis colegas, que tenía fe en mí, y sabía que yo había puesto lo mejor de mí, y que el motivo de esta falla era mi falta de experiencia, no mi falta de capacidad.

"Salí de esa reunión caminando en las nubes, y juré que nunca decepcionaría a ese extraordinario jefe que tenía."

Aun cuando tengamos razón y la otra persona esté claramente equivocada, sólo haremos daño si le hacemos perder prestigio. El legendario escritor y pionero de la aviación A. de Saint-Exupéry escribió: "No tengo derecho a decir o hacer nada que disminuya a un hombre ante sí mismo. Lo que importa no es lo que yo pienso de él, sino lo que él piensa de sí mismo. Herir a un hombre en su dignidad es un crimen".

Un auténtico líder siempre...

Permite que la otra persona salve
su propio prestigio.

En síntesis

REGLAS PARA
CÓMO SUPRIMIR LAS PREOCUPACIONES
Y DISFRUTAR DE LA VIDA

1. No imites a los otros.
2. Aplica estos cuatro hábitos para trabajar bien:
   a. Despeja tu escritorio de todos los papeles excepto aquellos relacionados con el problema a resolver de inmediato.
   b. Resuelve las cosas según su orden de importancia.
   c. Cuando tú enfrentes un problema, resuélvelo inmediatamente, si tienes los elementos necesarios para tomar una decisión.
   d. Aprende a organizar, delegar y supervisar.
3. Aprende a relajarte en tu trabajo.
4. Pon entusiasmo en tu tarea.
5. Cuenta tus aciertos, no tus problemas.
6. Recuerda que la crítica injusta es a menudo una alabanza disimulada. Haz realmente lo mejor que puedas.

REGLAS PARA
CÓMO GANAR AMIGOS E
INFLUIR SOBRE LA GENTE

1. No critiques, no condenes ni te quejes.
2. Brinda honesto y sincero reconocimiento.
3. Despierta en la otra persona un deseo de superación.
4. Muéstrate sinceramente interesado en los demás.

5. Logra que la otra persona se sienta importante, y hazlo sinceramente.
6. Muestra respeto por las opiniones ajenas. Nunca digas: "Usted está equivocado".
7. Comienza amigablemente.
8. Logra que el otro diga "sí, sí" inmediatamente.
9. Deja que la otra persona sienta que la idea es suya.
10. Apela a los motivos más nobles.
11. Haz notar los errores ajenos indirectamente.
12. Habla acerca de tus propios errores, en lugar de criticar a la otra persona.
13. Haz preguntas en vez de dar órdenes directas.
14. Deja que la otra persona salve su prestigio.

ÍNDICE TEMÁTICO

ÍNDICE GENERAL

TERCERA PARTE

LOGRE QUE LOS DEMÁS PIENSEN COMO USTED

CUARTA PARTE

SEA UN LÍDER: LOGRE CAMBIAR A LOS DEMÁS SIN OFENDERLOS NI DESPERTAR RESENTIMIENTOS